LA CAVERNA

OMAR PEÑA GRAU

LA CAVERNA

EL UNIVERSO EN UNA CAVERNA

DEDICATORIA:

A nuestros ancestros "primitivos", a quienes les debemos respeto y agradecimiento por legarnos un fruto de creación y sabiduría…

…y en lo personal, a mis padres, hermanos, esposa, hijas y nietos.

"En una visión espiritual la roca misma empieza a desaparecer y a fundirse; entonces uno ve que un animal se confunde con el otro y esto se remonta a una infinidad de visiones, que se adentra en el fondo del mundo espiritual. En un estado alterado de la conciencia, el chamán oye a los animales y después también los ve y finalmente en algunos casos los fija con pintura y con trazos en los muros de la cueva que son la membrana que está entre él y el mundo espiritual".

David Lewis-William

"Esas personas eran de una tribu india que vivió en un pasado muy remoto. En sus rituales y ceremonias, realizados hace muchos miles de años, conocían con exactitud la manera de atravesar las barreras del tiempo y el espacio. Eran capaces de alcanzar la energía de personas que vivían en el futuro y sabían integrar esa energía en sus ceremonias".

Olga Kharitidi

RECONOCIMIENTOS

"Doy gracias y es muy recomendable asistir a este curso; lo recomiendo mucho a todos los que están cansados y no muy cansados de esta vida; hay una hermosa inspiración divina, sublime; muy claro los relatos y muy bueno el sonido; en mi caso superó todas las expectativas; es meditación pura".

G.B.
Participante taller abril 1999.

"Estoy contenta de haber asistido porque en todas las sesiones aprendí cosas que a pesar de la obviedad, no había tomado conciencia. Después de clases sentí gran paz y descanso. Fue un tiempo gastado en mi, para mí y quiero atesorarlo, ojalá otros puedan aprender también. Gracias".

A.M.
Participante taller abril 1999.

"Me gustaron las sesiones; es la primera vez que estoy en este tipo de sesiones, pero me gustaría seguir profundizando".

K.M.
Participante taller mayo 1999.

"Fue una experiencia nueva y realmente me ha servido para sentirme bien; me ha servido para concentrarme más".

M.R.
Participante taller mayo 1999.

"Me costó mucho lograr la concentración puesto que no tenía experiencia en estos temas y a mí personalmente me cuesta, pero a pesar de todo, me sirvió bastante; lo recomendaría a otras personas; es muy bueno para aprender e iniciarse en la relajación y meditación".

L.B.
Participante taller mayo 1999.

"La experiencia es buena; la recomiendo".

L.M.
Participante taller mayo 1999.

"Lo encontré positivo; llevado a la vida personal me cambió el estado de ánimo, mi agresividad que tenía anterior, se desapareció, cosa que me llamó la atención porque la tensión se fue, los problemas me resbalaban, yo estaba positivo, y lo negativo no lo tomaba en cuenta".

C.V.
Participante taller mayo 1999.

"Siento la experiencia como algo muy positivo que me ha permitido creer en lo que no creía; excelente conductor, con gran capacidad para producir bienestar y espero que mucha más gente tenga la oportunidad para participar; gracias y felicitaciones Omar".

A.L.
Participante taller junio 1999.

"Me pareció regia la experiencia de este taller, se aprende mucho a contactarse con su propio cuerpo y con la conciencia; felicitaciones y gracias por todo. Sigue adelante en esto, pues creo que tienes dones naturales y es una misión que debes cumplir en esta vida".

I.J.
Participante taller junio 1999.

"Yo creía, antes de seguir estas clases, que no había nada que de verdad pudiera relajarme, o siquiera evadirme por un rato de la realidad, pero me he dado cuenta de que se han sobrepasado cualquier expectativa de lograr algo así. Creo que a todas las personas les serviría de mucho, como fue mi caso al asistir a estas reuniones. Los beneficios son múltiples, y la experiencia fuera de serie. Muchas gracias".

E.A.
Participante taller junio 1999.

"Muy gratificante poder relajarse de tan variadas formas. Lo encuentro útil, grato, agradable y creo nos puede servir mucho en momentos de mucha tensión ya sea en el aspecto laboral u hogareño".

G.I.
Participante taller junio 1999.

"Encontré el curso muy interesante; las técnicas de relajación aquí enseñadas, son muy beneficiosas; se puede dejar volar la imaginación sintiendo sensaciones agradables; agradezco mucho el tiempo dedicado por Omar".

N.N.
Participante taller julio 1999.

"Ha sido una experiencia interesante que incentiva a practicarla para sentir esa paz que se logra con los ejercicios; muchas gracias por compartir tus conocimientos y experiencias con nosotras".

I.C.
Participante taller julio 1999.

"Me parece que el curso está bien enfocado al dar tantas herramientas diferentes para lograr la relajación, pues normalmente estos cursos van sólo a una o dos técnicas".

M.H.
Participante taller julio 1999.

"Me gustó mucho, creo que es un gran aporte para que las personas se introduzcan en otros espacios de su Ser. En lo personal, especialmente en algunas meditaciones sirvieron de apertura a lugares desconocidos para mí".

G.M.
Participante taller septiembre 2003.

A todos los que han participado de esta investigación, les doy mis agradecimientos por su aporte, el que ha significado haber contribuido con su testimonio en los diversos talleres de meditación. Después de haber presenciado el proceso que experimentaron, creo que quienes lleguen a leer total o en parte a *Espacios de la mente*[1] por primera vez, será quizás para ellos el comienzo de una de las más extraordinarias experiencias a que puedan involucrarse en el futuro, para el beneficio de sus vidas.

Omar Peña G.

---

[1] Si bien mi quinto libro se denomina *Espacios de la Mente*, este concepto cubre a la serie completa de mis catorce libros.

INDICE

El Instituto de Sistemas Complejos de Valparaíso (ISCV) organizó, en enero 2005, un programa de divulgación científica, donde un grupo de destacados científicos dialogaron sobre los Sistemas Complejos. En la ocasión se dijo, "se espera trabajar en los diversos aspectos de los sistemas complejos, entre los que se incluyen: neurociencia, ecología, redes regulatorias, redes sociales, economía, ciencias de la computación y física".

La conciencia, uno de los misterios más complejos y enigmáticos de la ciencia, y junto al cerebro, encerrado en una "caverna", un ambiente obscuro y sellado a las perturbaciones externas, nos llevan a pensar que ahí está oculta la luz que, bajo ciertas condiciones, puede escapar más allá de los límites del tiempo y el espacio.

LA CAVERNA, ese insondable lugar de ubicación de nuestra conciencia, y que el proceso evolutivo, desde una conciencia primaria hacia una conciencia superior, la mantiene aún allí, puede tratarse más bien de un retroceso (involución) por la pérdida de capacidades que aún permanecen latentes en el ser humano. Así, la creación de escenas complejas que ocurre a un nivel inconsciente, logran hacerse conscientes, en el proceso de la percepción, durante el desarrollo de un sistema de meditación compleja. Después de verificar el acceso a esta realidad primaria, que era habitual en la conciencia primitiva, podemos comprender que la promesa de lo que contiene la complejidad de esa "caverna" ya era vislumbrada por nuestros ancestros.

El desarrollo de este libro pretende presentar la hipótesis no solamente de que el mundo de la complejidad es parte de la naturaleza, sino que el "hombre primitivo", nuestro ancestro de hace 30.000 años, ya utilizaba conscientemente la práctica del pensamiento complejo y este proceso contribuyó a acelerar el proceso evolutivo de nuestra especie.

Ahora, LA CAVERNA, contempla, además del libro *El universo en una caverna*, la selección de tres ensayos, cuyo proceso intenta hacerlo comprender que gran parte de nuestras experiencias conscientes tienen un eco de las experiencias de nuestros ancestrales "primitivos" y permanecen ocultas en nuestro interior. Volver a recordarlas puede significarnos una expansión de la conciencia. Satisfacer estas necesidades, es el principal propósito del libro LA CAVERNA, que contiene la metodología y procedimiento ancestralmente utilizada para alcanzar la trascendencia del espacio, del tiempo y de la identidad, que le permitían al hombre primitivo conocer, comprender y experimentar su propia evolución espiritual.

OMAR PEÑA G.

Proceso de crecimiento espiritual

Para explorar el universo de la conciencia, acompáñenos en este maravilloso mundo en que una nueva visión de la realidad se incorporará a su experiencia. Tomará conciencia que siempre ha sido así, y desde ese instante, sufrirá una transformación positiva, comprenderá el valor de la verdad, comenzará a adquirir buena salud, pondrá en acción ideas e inteligencia creativa, sentirá amor hacia sí mismo, sus semejantes y en fin, hacia toda la naturaleza. Se sorprenderá de este nuevo (antiguo) conocimiento, que siempre ha estado presente y esperando ser descubierto, por aquel que busque con esperanza y sinceridad. A medida que vaya interiorizándose de los alcances de la conciencia, y a través del proceso permanente hacia el desarrollo del Ser, llegará a comprender lo que verdaderamente el hombre es, alterando su percepción de la realidad y conjuntamente disponer de libertad de elegir su propio destino.

Las orientaciones de este proceso, son una valiosa ayuda o guía para el descubrimiento de sí mismo. De ahí, podemos decir, que uno puede involucrarse en el cambio del modo siguiente: "Nosotros conformamos un Centro de Conciencia que busca e investiga en y sobre la conciencia. Cada uno de nosotros es un actor de la vida. Nos disponemos a viajar por el Centro de Conciencia, de modo que vayamos experimentando una transformación de la propia conciencia. Es un cambio de paradigma, un viaje a lo desconocido de nosotros mismos; un salto del conocimiento y de la experiencia vivencial; un reconocimiento de que no estamos solos y que ya somos lo que llegaremos a ser. Así, iremos percibiendo nuestro propio proceso de cambio personal en todo lo que hacemos y somos".

Una mirada desde el lenguaje corporal[2]

Tengo gran placer de contribuir al lanzamiento del libro de mi amigo Omar. Por sobre todo, Omar es un investigador que ha hecho una poderosa síntesis de las ciencias humanas y la física, refiriéndose también al chamanismo como una inspiración en lo que actualmente muchos científicos están buscando esa relación entre el hombre y el universo y que en el chamanismo esto se da desde tiempos antiguos, muy antiguos. En realidad la línea de investigación del profesor Omar, constituye toda una preocupación de los pensadores de nuestro tiempo, de los científicos de nuestro tiempo, tanto de la física como de los estudiosos de la conciencia. Al principio tratar de relacionar los fenómenos de la física y de la física contemporánea con la mente humana pareciera un propósito atrevido. No obstante, hay toda una pléyade de científicos que siguen esta línea y que incluso están citados en el libro. Voy a nombrar rápidamente, para poner en contexto, las reflexiones de Omar. Ken Wilber, que tiene un libro sobre holografía, El Paradigma Holográfico; Ilya Prigogine, premio Nobel en física, que ha abierto la investigación en alta medida del pensamiento complejo, el estudio del caos y de las zonas disipativas de que tú hablas; Christian de Duve, también premio Nobel, que escribió un libro maravilloso, que se llama El Polvo Cósmico. Él propone que la vida es un imperativo cósmico, esto significa que la vida no es producto del azar sino que una condición previa del universo; Leo Valverde, que ha escrito ese libro magnífico que se llama Biocosmos: El universo Vivo; Maturana, con el concepto de autopoiesis y Varela, con la profundización del tema de autonomía en los seres vivos; Edgar Morín, con la Religión de los Saberes; Fritjof Capra, con la Tea de la Vida; Carl Poper, con el Universo Abierto; Murray Gell-Mann, el Quark y el Jaguar. También premio Nobel. Vino a Chile y tuve la oportunidad de conversar con él; es una persona que está muy cerca de la poesía siendo un premio Nobel en física. Mencionó a varios poetas importantísimos, está casado con una mujer poetisa y cuando yo le pregunté qué significa la palabra quark, acaso sería una sigla y me dijo, "estaba con mi esposa en la playa y las gaviotas decían Quark, Quark entonces yo dije este es el nombre de la partícula". Muchos otros filósofos, están investigando en esta convergencia entre las ciencias rigurosamente matemáticas y el problema de la conciencia, que tal vez es el problema más

---

[2] Presentación de "El Universo en una Caverna" en la Feria Internacional del Libro, Santiago, octubre 2005, efectuada por el señor Rolando Toro, psicólogo y antropólogo, creador de la Biodanza.

enigmático de la psicología moderna. El sueño de los pensadores contemporáneos en ciencias, en una gran medida, se dirige a ver cuál es la conexión más íntima entre el fenómeno humano, el fenómeno de los seres vivos y la evolución del universo. Al principio era difícil de hacer esta conexión. Chopra, por ejemplo, ha propuesto, que también tú lo has nombrado, que siendo el ser humano y los seres vivos un fenómeno cuántico y siendo el universo, que puede ser interpretado desde el punto de vista de la dinámica de los cuantos, existe un vínculo energético indisoluble entre la conciencia humana y la evolución del universo. Entonces esto está muy cerca de la mística y efectivamente a muchos físicos se les produce una inquietud, incluso una violencia cuando sienten que se tienen que aproximar a la mística. Podríamos hacer una larga lista de físicos, astrónomos, cosmólogos, biólogos, psiquiatras, psicólogos, que investigan hasta cierto nivel los fenómenos objetivos y de pronto llegan a una barrera en que es ya necesario suponer que hay una estructura de matrices eternas que permiten la construcción de los seres vivos. Entonces, considero que Omar Peña Grau, está a la vanguardia en nuestro país de esta investigación, de esta búsqueda, y representa en gran medida la élite de los pensadores dentro de este campo. Él ha estado interesado en la teoría de la complejidad, en la visión holística del universo y en los estudios de la conciencia. La conferencia que dio Murray Gell-Mann acá en Chile, cuando vino, se trataba justamente de los sistemas complejos adaptativos aplicados a distintos campos, algo que tu propones también, de que esta nueva visión de relaciones entre los seres humanos y el universo pueda aplicarse en la psicología, en la educación, en las ciencias sociales. Sus ideas sobre percepción ampliada le han permitido llegar a este inmenso tema que es la expansión de la conciencia. Los cambios de niveles en la conciencia han sido intensamente estudiados. Hay una bibliografía inmensa en este momento y que se profundizaron con el uso del ácido lisérgico. Desgraciadamente, las investigaciones sobre la conciencia han tenido un revés, debido a la prohibición del uso del ácido lisérgico que no tiene nada que ver con las drogas y con las fiestecitas pueriles de personas que andan buscando emociones. Me decía el doctor Hoffman, con quien he tenido el honor de conversar largamente y que vive en Suiza en el límite con Francia, me decía que sería el más grande avance para la educación y para los estudios de la conciencia el uso cuidadoso del ácido lisérgico pero no de una manera frívola, si no dentro de una concepción cuidadosísima que tendría que ser guiada por especialistas que conocieran el tema. Ahora, el profesor Omar, ha encontrado una metodología para ponerse en contacto con fenómenos psicológicos muy profundos y para la expansión de la conciencia. En esta metodología está la meditación, la relajación-contracción, que constituye una pulsación, la música, la visualización y la comunicación silenciosa. En realidad estos temas no hay tiempo para desarrollarlos, pero están muy bien expuestos en el libro. Con este conjunto de instrumentos, él logra cambios en el estado de conciencia de gran intensidad. En esta metodología se inicia "un viaje hacia lo desconocido de nosotros mismos". Se trata de un abordaje de la conciencia en un modelo de la percepción. Ya, Aldous Huxley, en sus libros magníficos, La Isla, A las puertas de la Percepción, Cielo e Infierno, muestra que el antecedente más importante para alcanzar el estado de expansión de conciencia, es aumentar la percepción, es decir, la persona que aumenta la percepción, prácticamente esta de lleno en la expansión de la conciencia, porque la expansión de conciencia consiste en percibir lo esencial, lo esencial de un rostro, lo esencial de un persona que camina, de un niño que juega, de un árbol que danza con la brisa en que ya se percibe la fuerza interior de la vida en el árbol y no solo la "figurigna". En el conocimiento de los seres humanos la expansión de la conciencia permite ver el alma, por decirlo así, de la persona y no su figura. Entonces este viaje del libro, va desde el estudio de la conciencia hasta la física de la unidad cósmica, desde la cenestesia corporal, porque en esta percepción participa todo el cuerpo, no solo la mente, hasta la meditación. El estudio de las alteraciones de conciencia conduce a cambios profundos de la personalidad y permite aplicaciones en terapia, educación y ciencias sociales. Esta es una propuesta de un nuevo paradigma para la evolución humana. Parabienes, por lo tanto, para mi amigo Omar.

Rolando Toro
Psicólogo y antropólogo, creador de la Biodanza

Una Mirada desde el lenguaje Neurológico[3]

La significación que tiene para mí, estar en este minuto con ustedes, radica fundamentalmente en el haber contactado con Omar en los inicios de su caminar por la Programación Neurolinguística (PNL) y de ahí, fuimos tomando conocimiento de su inquietud fundamental. Participamos de un taller donde está condensado gran parte de lo que relata don Rolando. Yo encuentro que la virtud, el mérito grande que tiene Omar, y el mérito grande que se traduce en el texto es que esto de modificar el campo de la conciencia, él lo logra a través de la palabra, a través del ejercicio y no a través de una sustancia química que nos pueda

---

[3] Presentación de "El Universo en una Caverna" en la Feria Internacional del Libro, Santiago octubre 2005, por el señor Guillermo Bruna, Master y profesor de PNL.

producir algún tipo de alteración. Es decir, la herramienta de trabajo que Omar ha encontrado y que entrega es absolutamente ecológica y se puede trabajar a cualquier nivel y en esto hay un poco de comunión entre lo que hace la PNL, las inquietudes de Omar y lo fundamental de él es que permite con estos atrevimientos a unir la física con el campo de la conciencia. De otra forma, uno no se explica por ejemplo, cómo en el campo de la meditación o en el campo de la relajación que él nos entrega en el texto, podamos meternos dentro del cuerpo de un animal y sentir las percepciones que el animal está viviendo. Cómo por ejemplo, en otro campo, introducirnos en un trozo de metal y percibir qué es lo que nosotros somos capaces de recoger en este caminar por el interior del cuerpo de metal. Todas estas son expansiones de la conciencia porque hasta el minuto en que nosotros a través del ejercicio que Omar nos entrega, el trozo de metal es algo que está inerte que no tiene para nosotros ningún otro significado que se le pueda aplicar en el campo tal vez de la industria, sin embargo, él toma el trozo de metal, nos hace introducir en el trozo y nos hace experimentar que es lo que hay en el interior. Eso yo creo que es uno de los grandes atrevimientos que, cuando Don Rolando dice, que son pocos los que se atreven a unir la física con la conciencia, Omar lo logra, además, y no solo lo digo por el texto, sino por la experiencia que nos hizo vivir en algún momento de ponernos en contacto con sonidos arquetípicos; cuando nosotros estamos en contacto con esos sonidos y que él lo plantea en el texto nos va produciendo una reacción absolutamente nueva, distinta y desde esa dimensión de estar sintiendo estos sonidos de manera absolutamente diferentes nos proyecta hacia la realidad, hacia lo que nosotros estamos viviendo en lo cotidiano y ahí es donde nosotros podemos entonces aplicar lo que estamos recogiendo de estas experiencias. A mí me complace y me produce una satisfacción muy grande saber que hay personas como Omar que están preocupados que en este minuto la sociedad nuestra se va deteriorando y en este deterioro él habla que va a tener que llegar a su fin la sociedad de la comunicación que estamos viviendo, para llegar a la sociedad de la comprensión, para saltar después a la sociedad de la creación solo teniendo la imaginación suficiente para arrancarnos de los límites de los espacios de la física para adentrarnos en lo que la conciencia nos puede entregar como un vehículo de imaginación. En la medida en que nosotros tomamos contacto interno con nuestro ser nos vamos en una relación de relajación y meditación por el interior del cuerpo y vamos haciendo conciencia de lo que vamos encontrando está la posibilidad de que vayamos mejorando. Esto que aparece o puede aparecer un tanto lírico respecto del texto, yo lo he vivenciado con personas que lo han hecho en procesos patológicos de enfermedades como el cáncer por ejemplo, donde mediante la relajación y mediante la meditación se hacen un recorrido interno y van encontrando cuales son las partes que están afectadas y solo con la imaginación, que es el vehículo que Omar hace que uno tome contacto y lo transforme como una cosa común y corriente en el texto, cómo a través de este caminar por el interior uno puede producir cambios y es hacia eso que él orienta su texto, a encontrar personas que se atrevan a saltar junto con él, desde la física de la conciencia y desde ahí empezar un caminar por una mejoría de tal manera que nosotros podamos saltar de la sociedad de la comunicación hacia la sociedad de la comprensión y en definitiva llegar a la sociedad de la creación. Yo, íntimamente siento una satisfacción muy grande de poder transmitirles esto que está en el texto de Omar y además que yo lo he vivenciado, como les decía, en un taller que él dirigió, donde participamos como alumno, no obstante que yo había sido su profesor en la universidad de PNL y eso hace el hecho de caminar por el interior de la persona, hace que nos acerquemos más al fenómeno de la conciencia, porque, tal como él lo dice, son muchas las inquietudes que nos plantea la conciencia, son pocas las respuestas, son pocas las respuestas que nosotros encontramos en el vivir diario, en el vivir cotidiano pero cuando nosotros nos adentramos mediante la relajación y la meditación por el interior nuestro vamos encontrando que el hablar y tener contacto con la conciencia nos va facilitando mucho las cosas. Yo agradezco mucho que Omar haga este aporte, a este trabajo de acercarnos a los niveles de conciencia que nos permita una expansión y que esa expansión se generalice, yo digo, desde el infante hasta el adulto, porque es una expansión de la conciencia absolutamente ecológica.

Guillermo Bruna
Master y Profesor en Programación Neurolinguística (PNL)

Una Mirada en el lenguaje Recursivo[4]

Básicamente el libro está enfocado en los términos que hablaban don Rolando y Don Guillermo. ¿Por qué se le puso el nombre del Universo en una Caverna? "La Caverna", está enfocada en el sentido de una metáfora, en el sentido de que nuestro cerebro, nuestra mente, es algo oculto, igual que una caverna. Los primitivos, nuestros ancestros de hace 30.000 años usaban estas cavernas para ingresar a estos estados especiales. Nosotros ahora pretendemos ingresar a estos estados similares a los que alcanzaban estos "primitivos". El enfoque está dado, como se decía, respecto a los sistemas complejos. Capra, decía por ejemplo, si le

---

[4] Presentación de "El Universo en una Caverna" en la Feria Internacional del Libro, Santiago octubre 2005, efectuada por el autor.

doy un puntapié a una piedra, la piedra yo sé que llegará o se irá en forma lineal hacia tal lugar, en cambio, si le doy un puntapié a un perro, no sabemos si nos va a morder, arrancar o se pondrá tímido, hay ene soluciones. Este modelo que se plantea acá es de esa naturaleza, complejo. El Modelo complejo es un proceso autónomo porque en el fondo la persona lo vive en su propia mente, en su oculta "caverna". La persona en el fondo, cuando está en ese estado empieza, tal como decía Maturana sobre la autopoiesis, se autoorganiza a sí mismo y es un proceso recursivo que se va retroalimentando y se produce una historia. El guía solamente inicia el proceso y todo el proceso, a continuación, lo genera la propia persona, la propia mente de la persona. La persona incluso lo experimenta como que él no lo está generando pero en realidad su propia mente lo está generando. Es un modelo constructivista, es decir, la persona piensa que algo se le está dando, pero lo está construyendo inconscientemente. Podría decir, para qué me sirve esto. Puede servir para ene actividades, educación, salud, trabajo, en ambiente social, en general tiene múltiples usos. Puede haber temor a ingresar a estos estados porque, como es un proceso complejo, puede ser una situación en que nadie sabe hacia dónde se va a ir. La experiencia del ciclo evolutivo es una experiencia muy interesante, pasando primero por el Big Bang, la creación de los sistemas solares, y formación de los planetas, creación de los seres vivos, los animales y todo esto, la persona lo vive siendo ese objeto, como observador-participante, no solamente como una pantalla sino que la persona pasa a ser lo que está meditando, es tan real como estamos acá, no pierde la conexión de que está meditando y la persona en el fondo sabe cómo salir y puede enfrentar un eventual "peligro". Ese ciclo evolutivo le produce un cambio. Indudablemente que si uno lee un libro y ve la historia del universo lo va a entender, pero vivirlo como que estuvo ahí, es distinto, bastante distinto. Creo, que el libro, puede servir como para entender la experiencia, pero lo importante es vivir la experiencia. En este libro (El Universo en una Caverna) no están explicadas las técnicas y en el anterior (El Universo en un Instante de Conciencia) tampoco. El anterior libro contiene la descripción de un modelo teórico de cómo acceder a estos estados. El texto que estamos presentando (El Universo en una Caverna) contiene las experiencias de las personas descritas por ellos mismos, sin agregarle, ni quitarle nada, sino tal como relataron las experiencias. En algunos talleres, las experiencias eran muy ricas pero no se escribieron. El tercer libro indicaría como ingresar a través de estas técnicas. Básicamente siempre se requiere de un guía, porque en el fondo uno va hacia una aventura; es un proceso complejo de múltiples soluciones que no sabe hacia dónde va a ir, por lo tanto requiere de algún nexo con alguna persona que permita sacarlo y no tener ningún problema en ese sentido. (Frente a una pregunta del público, respecto de si la experiencia es solo imaginación) Pienso yo, que lo que pasa aquí, es que cada cosa que nosotros percibimos con los sentidos siempre lo vemos como un objeto y nosotros somos el sujeto. Acá, cuando entramos a esos estados especiales, se elimina esa distinción, pasamos a ser objeto y sujeto unidos y en ese sentido no es imaginación, porque la imaginación, cuando yo imagino un objeto, éste permanece separado de mí. Así por ejemplo, puedo imaginar una manzana y la veo separada de mí, pero cuando yo paso a ser manzana, es distinto, se es sujeto y objeto a la vez. La unidad es una sola cosa, por eso se dice que ser Uno con Todo o Todo en Uno, en el fondo es lo mismo. En ese sentido, el estado de conciencia puede uno pensar que lo imagina pero esto no es imaginación, la imaginación solo se usa para iniciar el proceso. En el primer tomo, se explica la parte teórica de cómo combinamos sonido e imagen para producir un fenómeno holográfico, que al interpretar nuestro cerebro se abre un espacio donde vemos una imagen holográfica y ahí ya no es una imaginación. Muchas veces también, uno pretende alguna intención. Básicamente el modelo que se explica aquí, es que todo parte de una intención. Por ejemplo, si quiero tomar un vaso de agua, mi intención es tomar el vaso de agua, después hay una parte oculta; según Varela son cuatro etapas. Primero es la intención, "voy a tomar un vaso de agua"; la segunda parte está oculta, "yo recuerdo, mi mente verifica que imagen tengo del agua" hasta que al final relaciona que esto es agua; después en la tercera etapa, coordina mi cuerpo y mente para que yo tome exactamente el agua y no otra cosa de acá y por último en la cuarta etapa, tomo el vaso y absorbo el agua. El modelo que se plantea acá, es modelar la realidad habitual. Esa realidad que está escondida acá se despliega a través de una intención; después viene la memoria, "visualice usted una imagen que represente esa memoria". La tercera etapa, coordina el sonido con la imagen y la cuarta etapa aparece el fenómeno holográfico. En el fondo, lo que se hizo acá, es modelar la realidad habitual en que siempre se ven dos etapas, la primera y la última y en que no veo lo oculto. Entonces, lo que se hace en el modelo, es desplegar esas etapas a través de combinación de sonido, imagen, posición corporal y otros elementos…

Omar Peña Grau

Mircea Eliade, en el último párrafo de las conclusiones de su libro "El Chamanismo y las Técnicas Arcaicas del Éxtasis" señala que existe confusión respecto de la naturaleza exacta del éxtasis: "Sin embargo, todas estas innovaciones y todas estas degradaciones no han conseguido abolir incluso la posibilidad del verdadero éxtasis chamánico, y hemos podido encontrar aquí y allí ejemplos de experiencias místicas auténticas en forma de ascensión "espiritual" al Cielo, conseguidas por chamanes y preparadas por métodos de meditación".

Las experiencias de meditación presentadas en este libro, describe los alcances que hoy se obtiene en estos estados no ordinarios de conciencia y que posiblemente estuvieron disponibles también en los últimos 30.000 años. En esa época, según los antropólogos (Richard Leakey) aparecieron las primeras figuras e imágenes de pinturas rupestres en las cavernas. Paralelamente surgió el lenguaje que aceleró la evolución. Es posible aventurar la hipótesis de que las imágenes en las cavernas tenían el propósito de servir como un medio para acceder a otras realidades. La combinación del lugar oscuro de la caverna, de las imágenes sin contexto, del sonido rítmico del tambor y de la intención del chamán, contribuía a que en su mente se modificara su percepción, apareciendo en el proceso ritual de meditación imágenes virtuales que configuraban un contexto construido por su propia mente sin tomar consciencia de ello. Es significativo que las pinturas están dibujadas en sectores donde hay mayor acústica dentro de las cavernas. No creo que haya sido coincidencia dibujar en esos lugares. Creo más bien, que era necesaria la combinación entre imagen y sonido para producir el acceso a realidades virtuales, en estados no ordinarios de conciencia. La moderna aplicación de esta tecnología de la conciencia, nos permite corroborar la hipótesis señalada.

En las investigaciones antropológicas, los descubrimientos de figuras geométricas, denominadas imágenes entópticas ("del interior de la visión"), dibujadas en las cavernas de los primitivos habitantes del planeta, como señala Richard Leakey, han sido consideradas primero, como simplemente "arte" o "simples garabatos ociosos, grafiti, actividad lúdica: decoración espontánea realizada por cazadores con mucho tiempo a disposición, como lo describe Bahn", considerando las imágenes enigmáticas, signos geométricos sin significado obvio". Incluyen puntos, cuadrículas, uves, curvas, zigzags, espirales y rectángulos; en segundo lugar tales imágenes han sido consideradas "poco significativas para el proceso de autoexploración y autocomprensión, señalando además Stanislav Grof, que parecen representar la barrera que uno debe cruzar, antes de emprender el viaje hacia su propia psique inconsciente, considerándolas como que parecen reflejar la arquitectura interna de la retina y otras partes del sistema óptico". Es significativo que se le ha dado tan poca importancia a este fenómeno (una página de 500), siendo que este proceso neurocuántico, sería la fuente (instrumento) de acceso al inconsciente transpersonal. Así lo señala David Lewis-Williams, quien "ha ofrecido recientemente una nueva e interesante interpretación: son los signos que delatan el arte chamanístico, dice, procedentes de un a mente en estado de alucinación. En el primer estado, el sujeto ve formas geométricas tales como retículas, zigzags, puntos, espirales y curvas. Estas imágenes, seis formas en total, son brillantes, incandescentes, vívidas y poderosas. En un estado más profundo, se "está con frecuencia acompañado por la sensación de atravesar un vértice o un túnel en rotación". Quizás el descubrimiento del significado de las figuras geométricas, que ahora conocemos como imágenes entópticas, en las cavernas del hombre primitivo, sea uno de los hallazgos más importantes de este siglo. La evolución de los humanos pudo derivar de la capacidad de utilizar herramientas para la producción de sonidos y acceder así a estados de ampliación de conciencia, como la conciencia cuántica. La capacidad de escuchar concentradamente permitió desarrollar esta otra fase de su conciencia que incidió en su comportamiento social y cultural. Generalmente se piensa que el arte rupestre significó un paso importante para el salto evolutivo de la humanidad, en el sentido que al plasmar figuras en las cavernas, el hombre primitivo estaba representando la realidad externa y tomaba conciencia de su entorno. Sin embargo, esta representación fotográfica de la existencia tiene un efecto secuencial y gradual que no produce un salto evolutivo en el cual es necesario romper rápida y simultáneamente la forma ordinaria de percibir la realidad, de tal modo, de establecer nuevas configuraciones que generan un acto creador para modificar la forma de percibir y hacer las cosas. De ahí que el arte rupestre no se hacía para representar la realidad cotidiana, sino que servía principalmente para inducir un estado no ordinario de conciencia.

Dado que en esos tiempos el lenguaje no permitía inducir la imaginación voluntaria necesaria para visualizar una imagen y combinarla simultáneamente con sonidos, se hacía imprescindible dibujar las imágenes para percibirlas y luego imaginarlas, al iniciarse el sonido del tambor dentro de las cavernas. Este proceso se traducía en la visión de imágenes virtuales que se plasmaban en la muralla de la caverna. Como sostiene David Lewis-William, "En una visión espiritual la roca misma empieza a desaparecer y a fundirse; entonces uno ve que un animal se confunde con el otro y esto se remonta a una infinidad de visiones, que se adentra en el fondo del mundo espiritual. En un estado alterado de la conciencia, el chamán oye a los animales y después también los ve y finalmente en algunos casos los fija con pintura y con trazos en los muros de la cueva que son la membrana que está entre él y el mundo espiritual".

Un último análisis comparativo del significado de estas imágenes plasmadas en las cavernas es, que creo, que podrían representar la totalidad del proceso en la que se encuentra el individuo al crear las condiciones adecuadas para que se produzca el fenómeno alucinatorio. Primero, una lectura de las imágenes nos revelaría, que los puntos cambiantes de menor cantidad a mayor cantidad, es una representación de la inversión de población a un nivel energético superior; segundo, los puntos y líneas ordenadas en paralela, representan una sustancia en condiciones iniciales de los átomos en un nivel energético equilibrado; tercero, las líneas uves y en zigzags, representarían las ondas de energía transformadas de incoherentes a coherentes; cuarto, los círculos concéntricos, serían el resultado de la emisión energética (cuántica) hacia el centro del sistema; quinto, la cuadrícula representa la reproducción de interferencias de ondas (hologramas) que contienen la información; sexto, los rectángulos representan el sistema cuántico de radiación energética y se compone de los siguientes elementos que están compuestos en tres sectores, divididos por una pared oscura y una blanca (espejos paralelos resonadores), por fuera del segmento interno existen líneas continuas (estimulador externo) y una sola línea (emisión cuántica) continua que atraviesa la pared blanca (espejo transparente); por último, redes de líneas sobre animales (antílope eland) cuyos cráneos con orificio (para soplar) permiten la emisión de sonidos. Las líneas serían una representación de la imagen contenida en las cuadrículas (hologramas) que emergen al tocar ese instrumento de viento y que permiten al individuo en trance, "leer o ver" las interferencias de ondas encerradas en las cuadrículas.

Un punto que hay que considerar es que estas imágenes pueden aparecer de dos formas, mediante un trance voluntario o de forma espontánea, como la descripción que nos hace Hank Wesselman, "Lo más importante era que había descubierto la presencia de una especie de puerta interior dentro de mí, una puerta que se habría periódicamente, permitiéndome vislumbrar niveles de realidad y experiencias que no hubiera creído posibles. Por lo general, al abrirse esa puerta tenía alucinaciones visuales: veía puntos luminosos, líneas laberínticas, zigzags, vértices y cuadrículas, que algunos investigadores de lo cognoscitivo han llamado "fosfenos". Casi siempre se oía un sonido formidable, continuado y sordo, acompañado de abrumadoras sensaciones físicas de fuerza o poder, que me dejaban paralizado durante toda la experiencia, y su intensidad hubiera sido aterradora de no ser por su exquisita naturaleza".

De la Evolución Inconsciente a la Evolución Consciente de la Conciencia.

Hay bastantes indicios de que en los finales de este siglo XX, se está produciendo un acelerado proceso de evolución inconsciente de la conciencia.

Prestar atención a la manifestación de actos inconscientes, no es más que hacer presente el inconsciente. Es un camino para llegar al inconsciente. Como normalmente no somos conscientes del inconsciente, existen entre otras, formas de acceso al inconsciente a través de la focalización de la atención en algunas experiencias de la realidad que difieren de lo normal.

La entrada al mundo interior puede iniciarse bajo diversas circunstancias. En general pueden darse estados alterados de conciencia, de forma espontánea, por ejemplo, en las crisis chamánicas y de modo dirigido, en los ritos de pasos a través de un proceso de conocimiento directo de aprendizaje en las técnicas de meditación. Según Gennep, el rito de paso comprende tres etapas: separación, transición e incorporación. La separación, es una etapa de enfrentamiento intelectual con otras dimensiones de la realidad a través de referencias históricas y descripciones del viaje a la realidad no ordinaria. En la transición, comienza la experimentación directa con los estados alterados de conciencia mediante la utilización de diversas formas o técnicas de meditación. La incorporación, es la integración del individuo a la comunidad en un estado de profunda transformación psicológica resultado de una crisis inducida deliberadamente en los ritos de pasaje.

Según David Lewis- Williams, los chamanes del paleolítico entraban en estados de trance dentro de las cavernas con ayuda de la obscuridad de la cueva y los sonidos rítmicos, produciéndoles un estado alterado que los hacía pasar por tres estadios: en primer lugar, el chamán ve formas geométricas, como puntos, zig-zags, espirales, curvas, retículas, imágenes brillantes conocidas como imágenes entópticas producidas por la estructura neurológica del cerebro. En segundo lugar, estas imágenes se transforman en objetos dependiendo de la intención (cultura e intereses) del chamán. Por último, se atraviesa un túnel, círculos girando (vórtices) para llegar a una transformación humano-animal (theriántropos). A continuación el chamán fija (pinta) las imágenes en la roca, que es la membrana que divide el mundo real con el mundo espiritual.

Otro alcance que debemos tener presente, es el de que existen ciertos factores o actitudes que favorecen o inhiben el proceso de transformación de la conciencia. Tenemos por una parte factores fisiológicos, como dietas, ejercicios introspectivos y actividades cotidianas y por otra parte factores psicológicos, como el acceso o no a lecturas introspectivas, bellezas naturales, expresiones artísticas, rituales, aislamiento y otras actividades complejas.

Si bien, tener experiencias de estos procesos puede quizás significar que comenzamos a ir paulatinamente hacia el interior de nosotros mismos, haciéndonos cada vez más conscientes del inconsciente, se sabe y reconoce, que uno de los medios más adecuados para tener una evolución consciente de la conciencia, es seguir un aprendizaje estructurado, en alguna de las formas de meditación.

Cuando uno se involucra en un proceso de aprendizaje sistemático, en alguno de los tipos de meditación, percibe que de una u otra forma, en nuestras actividades cotidianas hemos estado realmente "meditando sin saberlo". De forma inconsciente, seguramente se ha participado de alguna forma de meditación. De ahí, pareciera que no fuera importante participar conscientemente en un proceso meditacional. Sin embargo, si se desea acelerar la evolución de la conciencia, es imprescindible embarcarse en algún proceso de aprendizaje sistemático de las diversas formas de meditación.

Antes de iniciarnos en las técnicas de meditación y conocer los mapas y caminos que conducen al territorio interior de la conciencia, veremos en este apartado, las experiencias de *Crisis de Transformación* como una forma de evolución inconsciente de la conciencia, y en segundo lugar la referencia de un *Proceso de Transformación*, o evolución consciente de la conciencia, durante el desarrollo en la investigación de la propia conciencia en experiencias de meditación y relajación.

Las crisis de transformación pueden ser el resultado de una enfermedad, accidente u operación, del cansancio y falta de sueño, del parto o del aborto, de una experiencia emocional o sexual, cambios en una relación afectiva, pérdida del trabajo o bienes, etc.
En cambio, el proceso de transformación puede comenzar con la meditación y prácticas espirituales como la oración y contemplación.

1. - CRISIS DE TRANSFORMACION

En el primer testimonio nos cuentan: "Esa noche venía muy cansado manejando después del trabajo, y de repente me encuentro en medio de una *ciudad muy hermosa de luces y colores*. Me veía transitar por una pista rodeada de árboles.

Después no supe cómo llegué a mi casa, pues perdí la noción del trayecto; creo que me quedé dormido y esas imágenes fueron muy reales". Se trata de un automovilista cansado que viaja por la noche por un lugar silencioso, puede presentar momentos de vacío de la mente de los cuales no está consciente de su desplazamiento por la pista. Cuando "despierta" no comprende cómo condujo en la inconsciencia. También en un estado semidormido, podemos percibir imágenes tan "reales", que interactúan para el sujeto en su medio ambiente creyéndose estar despierto. De ahí que, si se consulta al sujeto si el fenómeno percibido es real o imaginario, estará plenamente seguro de que estaba totalmente despierto y atento para reconocer que era real, no comprendiendo que precisamente ese estado especial de profunda atención repentina, le provoca la estimulación inconsciente.

El segundo caso sucedió a un conscripto de un destacamento militar que se encontraba en campaña en el desierto. Nos relató lo siguiente: "Estábamos descansando bajo la noche estrellada cuando de pronto todos vimos una luz brillante sobre uno de los cerros. Después de un momento, esa luminosidad se trasladó a otro lugar y en un instante desapareció. Estoy plenamente seguro de que tuve una experiencia real de *encuentro con los OVNIS*".

Una *experiencia de cercanía con la muerte* vivió una persona que nos relata lo siguiente: "Tenía 21 años y estaba muy enferma. Llegué al hospital con una peritonitis grave. Fui llevada de urgencia a la sala de operaciones. Estaba tranquila. Perdí la conciencia. Después supe que no alcanzaron a ponerme anestesia, pues los médicos comprobaron que no tenía pulso y estaba "muerta". Guardaron el instrumental de operaciones. Después de 10 minutos que se fueron los médicos, la enfermera escuchó un suspiro y tomándome el pulso nuevamente llamó a los médicos diciéndoles que yo "había vuelto". Después de operarme una junta de ocho médicos, me hacían preguntas acerca de qué me había pasado. Mi descripción fue que me vi sola en un lugar muy grande en medio de neblina, rodeada de una luz blanca de mucha claridad. No había árboles ni objetos, sólo yo y la luz. Parecía que caminaba en el aire con mi cuerpo cubierto por una túnica blanca de mangas anchas. Los cambios que experimenté durante y después de este fenómeno, fueron que ya no le tenía miedo a la muerte. Me sentía con paz y tranquilidad. Era como si recién estaba naciendo, sin pasado ni futuro. Años después de esta experiencia, tuve algunos sueños que me llamaron la atención: "del cielo bajaban a un campo, unos soldados vestidos de rojo con adornos dorados, en caballos blancos, más grandes que los normales, con riendas doradas. En otro sueño, se trataba de canoas con gente tipo hindú, de piel tostada. La misión que traían estos "mensajeros", que hablaban con la mente, era que venían a buscar a la gente buena para salvarla".

Actualmente existen bastantes probabilidades que en nuestra sociedad occidental se presenten crisis de despertar de la energía kundalini. La *energía kundalini*, que según la cultura hindú se ubica en la base de la columna vertebral, se manifiesta en forma consciente mediante corrientes internas de calor y frío, sonidos y sensaciones eléctricas que se desplazan por todo el cuerpo; sacudidas, espasmos y contorsiones; violentas emociones agradables y desagradables; comportamientos involuntarios, etc. Son manifestaciones que en general la medicina tradicional desconoce su origen. Desde el punto de vista de la tradición hindú, se reconoce que esta energía tiene el propósito de purificar el cuerpo, y contribuye directamente a la evolución de la conciencia, disolviendo las impurezas de los diversos chakras, desde la base de la columna vertebral hasta la cabeza. De ahí, que si se facilita la manifestación del despertar de esta energía, se obtendrá un proceso beneficioso de desarrollo personal. Sin embargo, como produce generalmente sensaciones incómodas, generalmente se le intenta suprimir con medicamentos u otra forma de inhibición energética, por ejemplo, ejercicios físicos, dietas carnívoras, trabajo pesado, atletismo, contacto con la tierra, etc. Por el contrario, si se acelera el proceso de purificación mediante ejercicios de meditación, puede lograrse al término del proceso una profunda transformación positiva.

Uno de los aspectos más relevantes en el conocimiento de los alcances de la conciencia es ponerse en contacto con la realidad que vive un chamán. Además de todas las realidades no ordinarias reseñadas anteriormente, también en un *encuentro con un chamán*, podemos enfrentarnos a una experiencia personal, trascendiendo toda explicación de la ciencia oficial respecto de la causa y efecto, del espacio y tiempo, de la comunicación telepática, de la relación interpersonal, de la curación mental a distancia, de los fenómenos de sincronicidad, de los efectos del pensamiento en el organismo, etc.

Las implicancias de aprehender este conocimiento, son enormes tanto en la medicina, educación y cultura tradicional, pues significa que la realidad consensual hasta ahora existente no es tan real como parece, ya que en verdad, nunca hemos estado separados y que ello sólo es una ilusión de los sentidos de la que debemos despertar para llegar a ser realmente libres.

Así, podemos sin saberlo, iniciarnos en una aventura de conocimientos y experiencias que harían tambalear la realidad cotidiana, y acceder a otra realidad no ordinaria que nos hacen pensar en las enseñanzas de Don Juan de Castaneda.

Recuerdo el relato de los viajes de un chamán. Sus experiencias iban desde "viajar" hacia otro lugar muy hermoso, de mucha paz y tranquilidad, encuentros con duendes, comunicación con su padre fallecido, transformarse en una paloma o perro, ayudar a los demás en sus problemas, durante la noche no dormir y sentarse en la tierra por unas horas, y sentir respirar a la Tierra. Dentro de este tipo de experiencias, recuerdo las vivencias durante un curso de iniciación chamánica efectuado en un retiro de fin de semana en un lugar de la costa, en una cabaña especialmente habilitada para estas experiencias.

El proceso contempló una serie de "viajes" en estados no ordinarios de conciencia producidos con el sonido rítmico del tambor y otros instrumentos sonoros. Estos instrumentos eran tocados por la guía del taller y por los propios "viajeros astrales". El sistema de "viajes" consistía en permanecer con los ojos cerrados y con un objetivo durante todo el período que duraba el sonido del tambor.

En el primer viaje, permanecí tendido y me sentí muy relajado; vi en ese estado como recorría por los lugares alrededor de la cabaña. Levemente vi bailar indios al ritmo del tambor. También me dieron ganas de dormir.

En el segundo viaje, vi una especie de remolino. Comencé visualizando la fogata de la chimenea; después traté de salir hacia fuera del recinto. Casi al final, vi un riachuelo de la cordillera donde fluía el agua.

El tercer viaje, me provocó mucha pesadez y relajación. En algún momento el sonido era como que recorría todo mi cuerpo. Casi perdía en momentos la atención.

En el cuarto viaje, visualicé un caballo y después me vi sobre él. También vi cosas llenas de color azul brillante y luminoso. Estaba muy relajado.

El quinto viaje consistía en elegir el lugar de partida. Vi el lugar de partida (mi casa) y después en mi caballo me veía galopar por un camino muy largo en el campo. Fugazmente al final vi dos o tres personas sentadas (la parte de los hombros y cabeza mirando hacia algún lugar). La última visión fue una parte de un rostro y un ojo observándome.

El sexto viaje consistía en bajar hacia el mundo inferior. En mi caballo estuve corriendo, pero fuera de una especie de túnel frente a una muralla. En cierto momento entraba a ese túnel de donde caía agua desde el techo. Vi también al final no tan nítido, un rostro de niño o bebé.

El séptimo viaje era subir al mundo superior. La mayor parte solo escuchaba el sonido del tambor. Sentí apretada la garganta. En un momento vi a un hombre tocando maracas por estos alrededores. Se me hizo difícil ver a mi caballo en las alturas.

El octavo viaje era adivinar la respuesta a una pregunta. Me hice la pregunta ¿estoy siguiendo un buen camino? Y, ¿cómo mejorarlo? Al término del ejercicio vi objetos dorados y cosas de oro. Eran como figuras de los aztecas.

En el noveno viaje, me introduje en el caballo y comencé a ver como caminaba, agachando la cabeza en una especie de vaivén. Caminaba sin correr. Al terminar sentí dolor en la columna dado el movimiento de subir y bajar la cabeza como ocurre al caminar un caballo.

En el décimo viaje, se intentaba adivinar las preguntas de un ayudante. Se buscaba una piedra y dándole orientación cardinal, se visualizaban imágenes dentro de ella y preguntas con su ubicación geográfica respectivamente. Intercambiando las preguntas con el ayudante se efectuaba el viaje preguntando a las figuras la respuesta a las preguntas del ayudante.

En el onceavo viaje, se buscaba al maestro. Comencé del lugar de partida y me encontré con el animal (caballo). Le hice la pregunta de buscar al maestro. En un momento apareció la cabeza de un hombre desconocido y después desapareció. Quedé muy relajado.

En el doceavo viaje, vi solo a un niño que miraba y tenía unos cuatro años. Estaba en la vereda. Después pensé que la cara que había visto en el viaje anterior era probable que fuera la del niño, pues tenía muy poco cabello como un niño. Se me olvidó hacerle una pregunta.

También hubo varios ejercicios, como adivinar un problema de una persona y ver la solución en alguna visión; encontrar y emitir un sonido que permita mantenerse en contacto con los guardianes de poder y con los diferentes mundos (superior, medio e inferior) al emitir dichos sonidos o cantos; al término devolvimos la piedra a su lugar de origen; hicimos ofrenda, agradeciendo la ayuda de las energías y pidiendo una limpieza de algún lugar del planeta.

Un testigo que tuvo una *experiencia cumbre* de arrobamiento y de unidad, relata su visión y contacto directo con la naturaleza y un sentimiento de tranquilidad espiritual:

> "Estoy sentada aquí, en la cima
> de una suave loma que desciende hasta
> el camino, por donde habitualmente
> transitan los turistas que se dirigen a
> las Termas de Puyehue.
> En medio del silencio que me
> rodea, y la visión maravillosa del lago,
> los árboles y las montañas (que me
> envuelven como un manto verde y protec-
> tor), siento por primera vez en muchos
> años, una paz y una plenitud tales
> que tengo la sensación de haberme
> fundido con el paisaje. Si bien es
> cierto que llegué hasta este lugar
> buscando un "rincón" especial donde
> poder estar sola, este propósito se
> ha diluido como por arte de ma-

gia, en medio de la calidez que
me embarga, sintiéndola como algo
que emana de la tierra misma...
Dejo que transcurra el tiempo,
observando los cambios que paulatinamente van transformando el entorno,
y a medida que los tonos dorados
y rojizos se transmutan en violetas,
azules y grises, siento que estoy en
paz conmigo misma y con Dios".

Existen diversas experiencias en soledad que favorecen la aparición de estados alterados de conciencia como el descrito anteriormente: navegar en solitario, caminar por los bosques, escalar montañas, buceos en medio de corales, entrada en cavernas, astronautas en los vuelos espaciales, etc.

Otros casos de experiencias transpersonales conocido fue el de una pequeña niña que, estando despierta decía que "veía a un ángel malo". Supe que en su casa, hace mucho tiempo, habían muerto dos personas y a veces sucedían cosas extrañas, como por ejemplo, "se encendían los equipos de radio", "se mueven objetos"... O el caso más reciente, que se refiere a un joven que cuando niño veía el aura sin saber que era un fenómeno paranormal. Con el tiempo llegó a perder esa facultad. Una persona recibió en un sueño, un mensaje de su padre fallecido, que señalaba un lugar donde se encontraba un documento perdido. En cuanto a una de las recientes percepciones no ordinarias, la experimentó una persona al tener una visión a través de las paredes, experiencia similar a la descrita por D.Lewis William, respecto de las figuras en las cavernas de los primitivos, al comienzo del libro.

2. - PROCESO DE TRANSFORMACION

Para comprender este proceso veremos primero la distinción entre conocer y/o vivenciar un hecho. Ambas formas de experimentar un fenómeno son fuentes del conocimiento

FUENTES DEL CONOCIMIENTO

Suele pensarse, que el conocimiento sólo puede ser adquirido bajo ciertas formas, ya sea mediante los libros, la enseñanza tradicional dada en las escuelas, las conferencias, los talleres, etc. Sin embargo, para los fines de esta introducción, diremos que existen dos formas del conocimiento. La diferencia entre ellas, en la práctica no existe, pues se dan o pueden darse integradamente ambas. Una forma se refiere al *conocimiento sobre algo* como externo a nosotros, en cambio la otra forma es más sutil, pues el sujeto del conocimiento es observador y participante a la vez, y, por lo tanto, nos encontramos ahora *en el conocimiento de algo*, en un sentido de experiencia vivencial más que nada.

En el *conocimiento sobre algo*, adoptamos una actitud receptiva, pasiva, de inmovilidad, de expectativa, derivado de nuestros pensamientos y la memoria, que nos lleva gradualmente a incentivar la motivación y aprendizaje sobre el tema expuesto, ya sea en su forma de expresión oral o escrita u otra forma de presentación. Este tipo de conocimiento no agrega nada a lo que se adquiere. Es estático, mecánico, especializado, fragmentario, limitado, abstracto, dicotómico, no es creativo, pues frente a los cambios se está predispuesto a quedar obsoleto, y por lo tanto, se está propenso al temor de perder lo que se tiene (conocimiento). Este conocimiento sólo es aplicable en aquellas condiciones similares ocurridas en el pasado. Si estas cambian, el temor a lo nuevo, paraliza al sujeto. Vivir sólo del pensamiento y de la memoria del pasado es vivir enmarcado en lo inerte, lo que nos lleva hacia la inmovilidad, la muerte.

Por su parte, el *conocimiento vivencial*, está orientado a incentivar y reforzar la práctica de la focalización de la atención. Así tenemos que, mediante las prescripciones de comportamiento (tareas) se intenta forzar la atención en las actividades reglamentadas, para la atención relajada se le experimenta en los ejercicios de meditación y por último, la atención social (comunicación) de las relaciones interpersonales permite la integración de los puntos de vista o sentimientos mutuos. Este tipo de conocimiento busca lo novedoso. Es dinámico, orgánico, integrado, global, abierto, concreto, creativo, permanente frente a los cambios, dado que su campo de operaciones son precisamente los cambios, lo que no produce temores, pues se busca precisamente vivir en este mundo de incertidumbre. Este conocimiento se aplica cualesquiera sean las condiciones presentes. Se está predispuesto a la acción al no temerle al cambio. Vivir en estado de alerta (atención) es estar plenamente presentes, lo que puede decirse, es que estamos plenamente vivos.

Respecto de la importancia de la experiencia subjetiva y del instrumento de la meditación empleada para la investigación de la conciencia, señala Frijof Capra, "el reconocimiento de que el análisis de la experiencia vivida, es decir, de los fenómenos subjetivos tiene que ser parte integrante de toda ciencia de la conciencia". Y respecto del instrumento dice, "los primeros resultados indican que la evidencia aportada por las prácticas meditativas va a ser un valioso componente de cualquier ciencia de la consciencia del futuro".

EXPERIENCIAS INTENCIONALES Y SUBJETIVAS EN MEDITACION Y RELAJACION

Las experiencias recogidas por el Dr. Moody en su libro "Vida Después de la Vida", son fenómenos ocurridos a personas en experiencias cercanas a la muerte (ECM). En su libro, se definen diferentes elementos que se presentan durante el proceso de experimentar la muerte del sujeto previo a volver a la vida normal. Entre varios de los elementos básicos, se cuentan, la dificultad de expresar en términos verbales (inefables) las experiencias y sensaciones personales; visiones de túneles y luces al final de él; de personas luminosas; de luces y colores brillantes; de sentirse fuera del cuerpo; sentimientos de paz y quietud; de ruidos y sonidos; encuentro con otras personas; de fronteras o límites.

Las experiencias en meditación y relajación profunda, especialmente las Experiencia del Ciclo Evolutivo (EXCE) demuestran que los elementos señalados anteriormente, no son exclusivos de las ECM. Los testimonios descritos por las propias personas que experimentaron diversas sensaciones durante y después de los ejercicios de meditación y relajación, son prueba de que la realidad que conocemos es una más entre otras realidades. La recopilación de los testimonios se hizo solicitando que cada persona describiera su experiencia de la sesión inmediatamente una vez finalizada esta. Si bien muchas experiencias se narran en forma breve, se optó por dejarlas tal como fueron descritas para que fueran de primera mano. Sin embargo, es necesario "ver" en esa brevedad el significado de la experiencia, pues a veces son fenómenos inefables, no aptos a la descripción, como así lo manifestaba un participante, que solo escribió alguna líneas de su experiencia, pero que en el taller mismo manifestó oralmente, "esto ha sido lo más importante que me ha sucedido en la vida". Incluso hubo profundas experiencias que no se describieron en forma escrita pero que quedó en la mente de los participantes del taller cuando él hizo la narración de su experiencia. Por ello, es importante reconocer que lo mejor de estas experiencias es vivirlas por sí mismo, más que la lectura de la descripción de ellas.

Los testimonios siguientes, corresponden a cuatro programas desarrollados entre abril y julio de 1999 y contempla una muestra de más o menos 200 sesiones de meditación y relajación. En general las sesiones duraban menos de quince minutos, solo algunas se prolongaban hasta treinta minutos para profundizar el proceso. El proceso se comienza con una experiencia intencional, a la cual está orientada la técnica de meditación y que puede derivar en una experiencia subjetiva

En general del resultado de la participación en los talleres se puede concluir que existieron tres tipos de participantes y que están estrechamente relacionadas con el tipo de experiencia intencional y/o subjetiva:

- Personas que permanecen en todo el proceso en una experiencia intencional, y que tienen dificultad de experimentar sensaciones (experiencia subjetiva) durante la aplicación de las técnicas.

- Personas que en forma equilibradamente mezclan experiencias intencionales y subjetivas, o que sólo en algunas técnicas obtenían resultados del proceso.

- Personas que con todas las técnicas obtenían poderosas experiencias subjetivas del proceso de meditación.

Se pudo comprobar, que los problemas para meditar o relajarse se debían básicamente a que los sujetos no se dejaban llevar por las sensaciones recibidas, porque se encontraban en un estado permanente de parloteo interno, de enjuiciar e intentar explicar racionalmente todo lo que le estaba pasando en el proceso.

El Proceso de Transformación, se puede producir e integrar en la experiencia de meditación, como lo señala Stanislav Grof,

Una experiencia de otro contexto temporal, como la infancia, el nacimiento biológico, la existencia intrauterina, la historia ancestral o evolutiva, o una encarnación anterior. En otras ocasiones incluye la superación de las barreras espaciales habituales, adoptando la forma de identificación consciente con otras personas, diversas formas animales, la vida vegetal, o materiales y procesos inorgánicos". Grof destaca la importancia curativa de las experiencias transpersonales al afirmar "las experiencias transpersonales están frecuentemente dotadas de un potencial curativo inusual. Ciertas dificultades emocionales, psicosomáticas o interpersonales, que han plagado al paciente a lo largo de muchos años y se han resistido a los enfoques terapéuticos convencionales, en algunos casos desaparecen después de una experiencia plena de naturaleza transpersonal, tal como la identificación auténtica con un animal o forma vegetal, la sumisión al poder dinámico de un arquetipo, el hecho de revivir experiencialmente un acontecimiento histórico, una secuencia dramática de otra cultura, o lo que aparentemente constituía una escena de una encarnación anterior.

Todas estas experiencias tienen las características de una transmutación, metamorfosis o cambios de formas. Así por ejemplo, John Perkins describe en su libro "Transmutación: Técnicas chamánicas para la transformación global y personal" que muchas culturas indígenas practican la transmutación. Los cazadores nativos norteamericanos adoptan el espíritu de su presa para tener éxito en la cacería. Los médicos asiáticos "ingieren" una enfermedad para curar a la persona que la padece. Los guerreros del Amazonas se convierten en jaguares para recorrer silenciosamente la selva. Los transmutantes saben que todo ser vivo es energía, y que concentrándonos en nuestra intención podemos cambiar nuestros patrones energéticos, dando lugar a una nueva forma. La transmutación puede suceder en tres niveles: el celular (la transformación de un ser humano en una planta o animal, o la pérdida de peso), el personal (la conversión en un nuevo ser, o el abandono de una adicción) y el institucional (la creación de una nueva identidad cultural o comercial). Desde 1968, John Perkins ha sido entrenado por maestros chamanes de Africa, Asia, Oriente Medio y América para que muestre al mundo industrial las poderosas técnicas relacionadas con la transmutación. Su innovador libro, nos lleva a desiertos y selvas, a montañas y mares, a centros de investigación médica y a juntas directivas corporativas, para aprender, paso a paso, los métodos de esta práctica que integra técnicas antiguas y modernas para lograr una curación profunda.

(A) LA CAVERNA

LOS MISTERIOS DEL UNIVERSO EN UNA CAVERNA[5]

El Centro Europeo de Investigación Nuclear (CERN) desarrolla un proyecto de un gigantesco laboratorio en Ginebra (Suiza) al interior de una caverna subterránea que pretende investigar los misterios del Universo. Su objetivo es probar la veracidad de la teoría desarrollada por el físico escocés Peter Higgs respecto de la forma en que las partículas adquieren masa, lo que permitiría descifrar la manera en que se formó el Universo. Según esa teoría, todo el espacio está lleno del llamado "campo de Higgs" y las partículas adquieren su masa de la interacción con ese campo que el LHC es susceptible de detectar.

La caverna situada a 100 metros de profundidad con 53 metros de largo y 26 metros de diámetro dispone de un agujero de unos 20 metros de diámetro y otros 50 de profundidad, que conduce al exterior.

El sistema de detección de la colisión de partículas, con una serie de sensores para analizar la forma en que se desintegran, trayectoria que adoptan y cómo se recomponen. El mecanismo, conocido como el Gran Colisionador de Hadrones (LHC), permitirá hacer todo tipo de mediciones sobre la colisión de las partículas.

El CERN tiene previsto comenzar a partir de 2007 la investigación con el LHC y con otras de sus instalaciones situadas en Ginebra, en una zona fronteriza entre Suiza y Francia.

---

[5] Uno de mis libros se llama "El Universo en una Caverna" (2005). Buscando en Internet, si aparecía anunciado este libro, encuentro a su lado una página web que contiene el tema señalado en este artículo. Es una coincidencia significativa de que ambos enfoques buscan la comprensión de la naturaleza del universo. En el proyecto CERN, se centra la investigación en la formación de *Masa* con la colisión de *partículas*. En el libro comentado como en éste, se centra la investigación en la formación de *Energía* con la interacción de *ondas* (neurológicas). De ahí que decidí incorporar, por ello, este breve artículo.

1. SISTEMAS CEREBRALES COMPLEJOS

INTRODUCCION

Durante el proceso de la búsqueda, nos damos cuenta de que solo nosotros somos actores responsables de nuestro cambio, y que nadie puede transformarnos mediante instrucciones, mandatos u órdenes, factores externos que no son más que instrumentos de coacción que inhiben el proceso de desarrollo personal. De ahí que, nadie puede arrogarse el derecho a educarnos de tal o cual forma, sin nuestro consentimiento, aun cuando tenga el deber de educarnos si le hacemos partícipe de nuestro anhelo del conocimiento de nosotros mismos. Es por ello, que el proceso de transformación personal, es un estado que se produce en nuestro interior y no por efecto de un agente externo, y todo el cambio experimentado en nuestra persona, solo se refleja en el mundo externo. Esto es consecuencia, que tanto la responsabilidad como los recursos para el cambio, son de nuestra propia naturaleza humana. Todo lo que "recibimos" externamente, ya lo teníamos en nuestro interior. Somos sujetos, objetos y partícipes del cambio.

Experimentar la expresión de libertad, puede significar el trascender y adquirir un sentido de desprendimiento de los obstáculos, que atentan al crecimiento personal y desarrollo de las potencialidades interiores del ser. Existen, así, innumerables barreras, de variada índole, pero que en definitiva afectan, de una u otra forma, el grado de libertad del hombre, su proceso de transformación, desde ser "objeto" y "sujeto", vivir como "persona" hasta convertirse, plenamente, en un "ser humano" en dirección hacia el "Ser Divino".

¿Quién soy? Normalmente, se ha contestado esta pregunta en sentido de lo que hemos sido en el pasado y que creíamos saber de nosotros, y puesto que no sabemos realmente lo que somos, y, sin embargo, vislumbramos las capacidades internas que poseemos, podemos, al fin, decir que en verdad "somos lo que llegaremos a ser". Desde este punto de vista, la vida sería un proceso orientado a descubrir lo que somos. Entonces estamos permanentemente en un "proceso de ser", que va reflejándose en nuestras actitudes, percepciones y pensamientos que tenemos respecto de nosotros mismos, de nuestros semejantes y, en fin, del entorno al que pertenecemos. Más que conocer las características del "maestro de la vida", vivir con y en ellas, es el camino del Ser, un proceso vivencial continuo orientado a ese fin, hacia su verdadera naturaleza interior, que irá emergiendo durante la búsqueda de sí mismo.

La meta, de llegar a desarrollar las características del "maestro", puede significar un gran esfuerzo de concentración y trabajo por parte del individuo. Sin embargo, una vez que esté en posesión de estas potencialidades, no requiere ya de atención alguna, manifestándose habitualmente en el comportamiento del sujeto. Forman parte de él mismo. Están integradas a su organismo como un todo y, por lo tanto, viven y actúan en él. Se reflejan en su actitud, en la verdad y amor que desprende, en la calma que exhibe, en su inteligencia y creatividad, en su optimismo y esperanza, y, por último, en pocas palabras, se refleja y percibe como un "maestro de la vida".

Llegar a ser una persona íntegra debiera ser la meta de desarrollo permanente del individuo normal. Si éste es su proyecto de vida, es necesario, en primer lugar, estudiar, conocer y aplicar los principios y valores de la "maestría", que lo lleven virtualmente hacia una formación de conciencia de maestro.

Este libro, contempla la síntesis de la investigación efectuada durante más de treinta años sobre los estados ordinarios y no ordinarios de conciencia obtenidos, estos últimos, mediante herramientas y técnicas que permiten un desplazamiento de la conciencia por los diferentes niveles o espacios que componen el espectro de la conciencia: sensorial, personal-biográfico, perinatal, transpersonal, arquetípico y complejo.[6] En general, siempre estamos conectados con la Mente a través de los *espacios de la mente* pero solo en el último nivel, complejo, (Holovisión) se trascienden conscientemente todas las fronteras de espacio-tiempo-identidad.

Se nos ha enseñado que tenemos un cerebro con sus funciones específicas. En realidad, poseemos cuatro cerebros y cada uno tiene su propia función. Normalmente estos cerebros se coordinan sinérgicamente para producir una respuesta de conocimiento, comprensión, emoción e intuición. En las experiencias siguientes veremos el ámbito en que se desarrolla en mayor medida cada cerebro. Como señala Paul MacLean, "computadores biológicos interconectados, cada uno de los cuales posee su peculiar y específica inteligencia, subjetividad y sentido del tiempo y del espacio, así como sus propias funciones de memoria, motrices y de todo tipo". Solo el Hemisferio Izquierdo, del neocórtex, corresponde al cerebro verbal. El Hemisferio Derecho del neocórtex, el cerebro de mamífero y el cerebro de reptil son no verbales. Así, cada cerebro, con sus propias ondas cerebrales, funciona de diversas formas y usa su propio lenguaje, comunicación y forma de ver el mundo de la realidad.

Dentro de las características que definen los cuatro cerebros tenemos las siguientes:

---

[6] El espectro de la conciencia de Wilber contempla los siguientes niveles: sombra, ego, existencial, bandas transpersonales y Mente. De acuerdo a Wilber, las bandas transpersonales, aunque trascienden las fronteras del espacio-tiempo, no contemplan la eliminación de la dualidad sujeto-objeto. Solo en el estado fundamental de conciencia o nivel de la Mente, "el testigo y lo testimoniado, son lo mismo".

La descripción verbal, monótona sin pausas corresponde a las funciones del hemisferio Izquierdo del cerebro (intelectual) y, a mi parecer, correspondería a la categoría expuesta de la energía de D. Bohm[7]. Forma parte del módulo verbal del Proceso Autonómico[8].

La música e imágenes corresponden a las funciones del hemisferio derecho del cerebro; deviene acoplado al cerebro de mamífero (emoción) y corresponde, a mi modo de ver, a la categoría envuelta de la energía de D. Bohm. Forma parte del módulo periverbal del Proceso Autonómico.

El aislamiento sensorial, silencio y oscuridad define al cerebro de reptil (intuición, instinto); creo desde mi punto de vista correspondería a la categoría del estado del dominio del potencial puro de D. Bohm. Forma parte del módulo de experiencia transverbal del Proceso Autonómico.

El último estado, del vacío de la forma, surge del proceso de convergencia del módulo periverbal y transverbal, o lo que, de acuerdo al pensamiento de Bohm, diríamos, que en el dominio de la inteligencia de comprensión súbita, emergería en el proceso de interacción de la categoría envuelta de la energía con la categoría del estado de energía puro, llegando al final, a manifestarse en la categoría expuesta de la energía.

En el 1er y 2º cerebro: lenguajes del neo-córtex cerebral

Vivir en "el conocimiento de los seres humanos" es llegar al centro de nuestra interioridad (alma) y descubrir lo que somos. El cerebro derecho es capaz de completar imágenes visuales incompletas. Mentalmente conecta los puntos, desvelando el patrón oculto. Es como si la materia oscura del universo se hiciera visible. Es como mirar al espejo sin imágenes y ver que emerge una realidad que no es de este mundo. Es comprender de la existencia e interacción de otra realidad

---

[7] David Bohm define cuatro categorías de energía. Desde la categoría de energía más débil de la materia (expuesta), continúa con la categoría de mayor energía (envuelta) y que vendría de una poderosa energía (potencial puro). Un último estado de la energía sería el dominio (de la inteligencia) de comprensión súbita de donde todo emerge.

[8] El proceso autonómico, consiste en "ver" emerger la sensación de una realidad autónoma mediante el "hacer" un proceso de interacción de elementos verbales y no verbales en el tiempo de excitación requerido.

en esta realidad. Es comprender que estamos comunicados, cualquiera sea el espacio que exista entre nosotros.[9]

Hemos aprendido que cada hemisferio cerebral tiene su propio lenguaje y forma de organizar el mundo. Sin embargo, podemos ir más allá de este aprendizaje.

Se han efectuado estudios,[10] de los efectos de la meditación y su contribución en la capacidad de atención, concentración, memoria y en la inteligencia del sujeto, colaborando en la eficiencia de las labores desempeñadas. La meditación mejora también la productividad, en gran medida, gracias al efecto de prevención de enfermedades relacionadas con el estrés y reduciendo el ausentismo. De ahí, que existen importantes empresas (Deutsche Bank, Tower Co., Google y Hughes Aircraft) que ofrecen clases de meditación a sus empleados. También, se dice que la meditación podría restaurar la sinapsis.

Sabemos que el niño fue evolucionando, a medida que su cerebro iba creciendo, hasta llegar a la edad adulta con una corteza cerebral completa, con sus dos hemisferios y lenguajes propios de cada uno de ellos. Podemos decir, entonces, que en este proceso evolutivo comenzamos, en su etapa más temprana, con una forma de ver y actuar conectado con el mundo, sin distinguir la diferenciación del objeto del sujeto. Es la experiencia directa de "ver" y "hacer" la realidad del mundo. Somos, allí, uno con el mundo. A medida que crecemos, pasamos a la etapa del sentimiento y distinción de los objetos para llegar, al final, al mundo intelectual de la adultez de manipulación de los objetos de esta última realidad. Esto nos lleva a preguntarnos que para renacer o "volver a nacer" se requiere ir hacia atrás en el proceso evolutivo. Pasar, de la etapa intelectual al sentimiento emocional, y llegar a la etapa de la unicidad del niño. Es un recorrido por los cuatro cerebros que componen nuestra masa cerebral: cerebro del hemisferio izquierdo, cerebro del hemisferio derecho, cerebro de mamífero y cerebro de reptil.

Habitualmente, en nuestra cultura occidental, nos encontramos centrados en una forma de ver y actuar, con nuestra atención fijada principalmente en los aspectos del hemisferio izquierdo del cerebro, lo cual nos pone una barrera para el acceso a

---

[9] La experiencia del "Viaje en el espacio" son técnicas de acceso a la realidad de la comunicación, más allá de la percepción sensorial ordinaria. Es "ver" o comunicarse con la historia que rodea a los objetos (psicometría), Es "ver" o comunicarse a través del tacto (visión dérmica). Es sentir o comunicarse con los sentimientos de otros (telepatía). Con estas técnicas se experimenta directamente el acceso al campo más allá del hemisferio derecho del cerebro (o del Campo Punto Cero).

[10] Richard Davidson, director del Laboratorio de Neurociencia Afectiva de la Universidad de Wisconsin.

los otros cerebros. Ahora, existen varias formas y métodos desarrollados para utilizar el "lado derecho del cerebro", que tiene su propio lenguaje.

El cerebro del neo-córtex, además de los sentimientos, procesa un mayor entendimiento, directamente relacionado con el desarrollo de la corteza cerebral y el desarrollo social. Esto, contribuye a la formación de sociedades más complejas y organizadas.

Poseemos un cerebro especializado por lo cual, además de sentimientos, manejan un proceso racional de entendimiento y de análisis, ampliamente superior al de todos los demás mamíferos, que permite adquirir conocimientos, desarrollar sociedades, culturas, tecnologías y, lo más importante, comprender las leyes que rigen el universo.

El hemisferio izquierdo, está asociado a procesos de razonamiento lógico, funciones de análisis, capacidad para las matemáticas, leer y escribir, síntesis y descomposición de un todo en sus partes, en una estructura de pensamiento lineal.

El hemisferio derecho, en el cual se dan procesos asociativos, imaginativos y creativos, se asocia con la posibilidad de ver globalidades y establecer relaciones espaciales en una estructura de pensamiento complejo, no lineal. Comprender las metáforas, crear nuevas ideas. Genera pautas y patrones. Es intuitivo y piensa en imágenes, símbolos y sentimientos. Fantasías e imaginación, percepción espacial. Reconoce melodías musicales, crea una sensación al percibir una pauta en estímulos visuales y auditivos.

La neocorteza, se convierte en el foco principal de atención en las lecciones que requieren generación o resolución de problemas, análisis y síntesis de información, del uso del razonamiento analógico y del pensamiento crítico y creativo.

La neocorteza representa la adquisición de conciencia, y se desarrolló a través de la práctica del lenguaje.

Como no es la idea central de este libro, adentrarnos en las modalidades izquierda o derecha del neo-córtex[11], a continuación, veamos el acceso a los otros dos cerebros, más arcaicos de la naturaleza humana.

---

[11] Una profundización del uso del lenguaje de los dos cerebros del neocórtex (hemisferios izquierdo y derecho) se encuentra profundizado en el libro "El lenguaje del cambio" de Paul Watzlawick

En el 3er cerebro: lenguaje del cerebro Emocional (de mamífero)

El autor señalaba, en un encuentro[12], que:

El enfoque está dado, como se decía, respecto a los sistemas complejos. El Modelo complejo es un proceso autónomo porque en el fondo la persona lo vive en su propia mente. La persona, cuando está en ese estado empieza, tal como decía Maturana sobre la autopoiesis, se autoorganiza a sí mismo y es un proceso recursivo que se va retroalimentando y se produce una historia. El guía solamente inicia el proceso y todo el proceso, a continuación, lo genera la propia persona, la propia mente de la persona.

Estar en "un proceso recursivo que produce una historia" es como viajar a todos los tiempos y estar plenamente presente en ello[13]. Es como detener el tiempo y, así, acceder a todas las emociones, en todos los tiempos. "Se manifiesta como un viaje a otras épocas, con todas las características de un recuerdo de esa experiencia, como una "regresión" a vidas pasadas. Se percibe la época en todo su esplendor, en el ambiente, vestuario, personajes, costumbres y como si estuviéramos representando una escena de una película histórica.

El cerebro de mamífero, situado inmediatamente debajo de la corteza cerebral, permite un desarrollo emocional que está asociado a la capacidad de sentir y desear: placer-dolor, nutrición, oralidad, protección, hostilidad, el cuidado de los otros, sexualidad, memoria de largo plazo. En este sistema se dan procesos emocionales y estados de calidez, amor, gozo, depresión, odio, etc., y procesos que tienen que ver con nuestras motivaciones básicas.

Esta parte, es capaz de poner el pasado en el presente y, por tanto, se produce aprendizaje y se activa cuando nos emocionamos. Facilita la calidad de vida que da la calidez en las relaciones humanas. Es razonable pensar, que el desarrollo de la memoria se asocia a momentos emocionalmente intensos, como la muerte de los seres queridos.

Proporciona el afecto, que los mamíferos necesitan para sobrevivir, por tanto, se introducen los sentimientos: Dar o recibir afecto, recibir atención, consideración, escucha, compasión, ternura, empatía. En éste, reside la sede de todas las fuerzas

---

[12] Presentación de "El Universo en una Caverna" en la Feria Internacional del Libro, Santiago, octubre 2005. (Ver epílogo).

[13] La experiencia de "Viajes en el tiempo" es una técnica de acceso a la realidad del ciclo evolutivo y de trascendencia del espacio-tiempo. Esta inmersión provoca una multiplicidad de emociones y sentimientos con la participación directa del sujeto.

emotivas, que darán lugar a todos tus deseos y sentimientos, y es en él, donde subyacen las inteligencias de capacidad de dejarnos afectar por algo o alguien.

Su función principal, es la de controlar la vida emotiva, lo cual incluye los sentimientos, la regulación endocrina, el dolor y el placer. Puede ser considerado como el cerebro afectivo, el que energiza la conducta para el logro de las metas (motivación).

En el 4º cerebro: lenguaje del cerebro Intuitivo (de Reptil)

En la misma presentación, descrita anteriormente, Guillermo Bruna[14] señalaba que:

Podemos meternos dentro del cuerpo de un animal y sentir las percepciones que el animal está viviendo. Introducirnos en un trozo de metal, y percibir qué es lo que nosotros somos capaces de recoger en este caminar, por el interior del cuerpo de metal. Ponernos en contacto con sonidos arquetípicos; sintiendo estos sonidos de manera absolutamente diferentes nos proyecta hacia la realidad, hacia lo que nosotros estamos viviendo en lo cotidiano.

Ese "sentir las percepciones que el animal está viviendo", es experimentar la transformación[15], desde la conciencia ordinaria del yo, "en este cuerpo" separado del objeto, hacia una conciencia de la esencia de la vida del objeto de la meditación. Es la expresión viva de la conexión con el alma del animal. Es ser UNO con ello. Se elimina la frontera de los cuerpos. Comprendemos al otro ser, en su esencia.

En la etapa similar del niño, el mundo entero es consciente. Cree que los árboles y las rocas están vivos, habla con las flores y tiene una relación sobrenatural con los animales. El pensamiento mismo *es* (se vuelve) ese objeto. El objeto no se conoce más por las asociaciones –es decir, no se integra en la serie de las representaciones anteriores, no se ubica mediante relaciones extrínsecas (nombre, dimensión, uso, clase) ni, por así decirlo, se empobrece mediante el proceso habitual de abstracción del pensamiento profano- se capta directamente, en su desnudez existencial, como un dato concreto e irreductible.

---

[14] Guillermo Bruna, Master y profesor en Programación Neurolingüística (PNL) (Ver epílogo).

[15] La experiencia de "Viajes de transformación" es una técnica de acceso a la realidad de trascendencia de la identidad. Es como si hubiese una identificación plena con otras vidas de la naturaleza. Es una de las técnicas que permite experimentar plenamente la unión del sujeto con el objeto, sin distinción alguna.

Ese "contacto con sonidos arquetípicos"[16], nos lleva al acceso de la estructura interna de la conciencia y comprender nuestro comportamiento que nos permita cambiar de estado de salud óptima, de Unidad Total, de trascendencia del objeto-sujeto.

El cerebro de reptil, de menor tamaño que los otros cerebros[17], cuya función es responsable de conservar la vida si el organismo así lo requiere. De ahí, que permite regular el impulso por la supervivencia: comer, beber, temperatura corporal, sexo, territorialidad, necesidad de cobijo y de protección. Este cerebro procesa lenguajes no verbales, de aceptación o rechazo. Organiza y procesa las funciones que tienen que ver con las rutinas, los hábitos, la territorialidad, el espacio vital, condicionamiento, adicciones, rituales, ritmos, imitaciones, inhibiciones y seguridad. Es el responsable de la conducta automática o programada, tales como las que se refieren a la preservación de la especie y a los cambios fisiológicos necesarios para la sobrevivencia: control de la respiración, el ritmo cardíaco, la presión sanguínea e incluso colabora en la continua expansión-contracción de nuestros músculos.

Como resumen de las características de los distintos cerebros, se exponen las funciones que describe Joe Dispenza, de cada uno de ellos:

El *cerebro de reptil* (el *tronco cerebral*, que ayuda a regular las funciones primarias, tales como la respiración, deglución, presión arterial, niveles de vigilia y ritmo respiratorio; el *cerebelo*, que es responsable del equilibrio, postura y posición del cuerpo en el espacio. También coordina los movimientos y posibilita las conductas y recuerdos automáticos "instalados", como actitudes predeterminadas, reacciones emocionales, hábitos, reflejos inconscientes, etc.).

El *cerebro de mamífero* (el *mesencéfalo*, produce la regulación interna automática y mantiene el equilibrio químico. Ayuda a organizar con nuestro mundo interior las señales provenientes del mundo exterior).

---

[16] La experiencia de "Integración Arquetípica" es una técnica de acceso a la realidad de trascendencia de las formas físicas y emocionales. Es como si hubiese una identificación plena del sujeto con los sonidos de la naturaleza. Es una de las técnicas que permite experimentar plenamente la relación del sujeto con el estado arquetípico en que se encuentra asociado.

[17] Todos esperamos que para obtener más energía, se necesita una mayor cantidad de materia. No debemos engañarnos de la capacidad, por el tamaño del cerebro. Einstein afirmaba que el máximo de energía existe en el mínimo de materia. Y, David Bohm señala que "todo tiempo se encuentra contenido dentro de cualquier segundo; todo espacio, dentro de cualquier centímetro cúbico; toda materia física, dentro de cualquier grano de arena; el todo, dentro de sí mismo".

El *neocortex* (la *corteza cerebral*, es el asiento de nuestra percepción consciente y la responsable de desarrollar nuestras funciones sofisticadas, como el aprendizaje, memoria, creatividad, invención y conducta voluntaria).

Como hemos visto, las tres técnicas de trascendencia (espacio-tiempo-identidad), nos permiten experimentar una especie de "renacer", de recuperar las capacidades olvidadas de nuestra mente, es decir, experimentar un desplazamiento de la conciencia por los espacios de la mente. Y este reconocimiento de nuestras capacidades "dormidas" nos libera de toda limitación que hasta ese momento llevábamos a cuesta. Encontramos así el verdadero sentido de la existencia: volver a ser niños, es decir, llegar realmente a renacer.

Toda nuestra vida, hemos estado aprisionados en un rincón de nuestro cerebro, el hemisferio izquierdo, que favorece los caprichos de unos cuantos defensores del sistema patriarcal, con ayuda del poder que le da la propia sociedad y nos ocultan la grandiosa capacidad de los otros cerebros, que no sirven para sus propósitos egoístas y económicos. Cuando el hombre descubra esta limitación, será el momento de su liberación y ya nadie podrá mantenerlo encerrado en su celda. Será la transformación en su esencia, de cuerpo, mente, alma y espíritu.

A pesar de todos los impedimentos para acceder al renacimiento, por la forma de vida que llevamos, se reconoce, que todos estamos, lo queramos o no, en un proceso de evolución natural de la conciencia. Vamos hacia el encuentro con lo transpersonal. Ya nuestra vida no se limita solo a lo sensorial y a nuestra historia biográfica postnatal, sino que incluso ha evolucionado hasta el período perinatal, prenatal y, más aún, se busca lo transpersonal.

1. Hemos visto que podemos considerar que tenemos cuatro cerebros. Sin embargo, pareciera que cada sentido puede ampliar su capacidad más allá de sus funciones conocidas. Así, tenemos las experiencias de visión remota, visión dérmica, audición, olfato y gusto transpersonal, que harían creer que estamos frente a otros cinco cerebros que procesan nueva información. Entonces, los múltiples cerebros nos van dando diversas visiones del mundo de la realidad: sensorial, biográfica, perinatal, transpersonal, arquetípica[18] y compleja. El mundo objetivo en su mayor notoriedad se percibe en el sentido de la visión. A medida que vamos interiorizándonos en los cerebros vamos pasando del nivel objetivo al

---

[18] La experiencia en "Sonidos arquetípicos" permite abrir la puerta de acceso a otras dimensiones de la conciencia. Cada sonido (fuego, tierra, aire y agua), tiene un patrón de visiones y sensaciones que alteran la percepción y ubican a la persona en su centro arquetípico en el cual se encuentra influenciado en ese momento.

subjetivo hasta llegar a la fusión objeto-sujeto en el cerebro de reptil. Los cinco (cerebros) sentidos nos muestran los "objetos" fuera de nuestro cuerpo. El sexto y séptimo cerebros (HI-HD) nos introducen a la racionalidad y subjetividad. El octavo cerebro (mamífero) envuelve la experiencia de emoción. El noveno cerebro (reptil) nos abre al espacio inconsciente de la unidad de todo lo que existe. Durante casi toda nuestra vida somos dominados por el cerebro sensorial[19] (de los cinco sentidos). Es muy difícil escapar a su influjo. La única experiencia habitual en que se adormecen estos sentidos, es cuando dormimos o meditamos. Entonces, se abre un espacio de la mente que trasciende la realidad ordinaria. Es un espacio de la conciencia (mente) que está conectado con un patrón o proceso arquetípico, que tiene su efecto e influencia en la vida personal del sujeto.

2. CREACIÓN DE ESCENAS COMPLEJAS EN LA CONCIENCIA PRIMARIA

INTRODUCCIÓN

Oliver Sacks[20], describiendo la teoría del Darwinismo neural, de Gerald Edelman, señalaba, respecto de la distinción de la conciencia primaria sobre la conciencia superior:

La *conciencia primaria* es el estado de ser mentalmente consciente de los objetos en el mundo, de tener imágenes mentales en el presente. Pero esto no va acompañado por ningún sentido de (ser) una persona con un pasado y un futuro. En cambio, la *conciencia superior* involucra el reconocimiento por un sujeto pensante de sus propios actos y afectos. Personifica un modelo de lo personal, y del pasado y futuro así como del presente... Es lo que los humanos tenemos además de la conciencia primaria...

Así mismo, Antonio Damasio[21] planteaba:

---

[19] Gerald Edelman distingue la conciencia primaria de la conciencia superior. La conciencia primaria es el estado de ser mentalmente consciente de los objeto en el mundo, de tener imágenes mentales en el presente. Carece de un yo personal, y no tiene la habilidad para modelar el pasado y futuro. La conciencia primaria se requiere para la evolución de la conciencia superior que hace uso del lenguaje.

[20] Una nueva visión de la mente de Oliver Sacks, capítulo siete del texto La imaginación de la naturaleza: las fronteras de la visión científica de John Cornwell (editor).

En un principio, no existía el tacto, o la vista, o el oído, o el movimiento por sí mismos. En lugar de eso había una sensación del cuerpo a medida que éste tocaba, veía, oía o se movía. La percepción de cualquier estímulo externo (visual, auditivo, táctil, etc.) es dual, pues contiene simultáneamente tanto una *estimulación corporal* (ojo, oído, piel, etc.) como una señal de una *función no corporal* (visión, audición, tacto, etc.).

El proceso de ver-hacer la realidad, habitualmente, no es posible conocer cuando se está generando una respuesta frente a un estímulo. Sin embargo, A. Damasio señala, que existe un proceso llamado "metayó" que puede conocer esa realidad a condición de que, primero, frente al estímulo (imagen) el cerebro describa la perturbación del organismo; segundo, que dicha descripción genere una imagen del proceso de perturbación; tercero, interconexión de la imagen (estímulo) con la imagen de la perturbación del yo. En el proceso no participa el lenguaje. Propone que la subjetividad emerge cuando el cerebro está produciendo no sólo imágenes de un objeto, no sólo imágenes de las respuestas del organismo al objeto, sino un tercer tipo de imagen, el de un organismo en el acto de percibir un objeto y responder a él.

Durante casi toda nuestra vida somos dominados por el cerebro sensorial (de los cinco sentidos). Es muy difícil escapar a su influjo. La única experiencia habitual en que se adormecen estos sentidos, es cuando dormimos o meditamos. Entonces, se abre un espacio de la mente que trasciende la realidad ordinaria.

En la década del 90 comienza una nueva forma de percepción de la realidad. Antes de esta fecha, cada sentido tenía sólo una función específica, una sensación particular. El ojo para la visión; El oído para la audición; La lengua para el gusto; La nariz para el olfato; la piel para el tacto. Desde esa década se vislumbra un nuevo enfoque de la percepción. En cada percepción no solo participan los órganos de los sentidos, que se comunican con el exterior e interior del cuerpo, sino que la mayor cantidad de procesos (80%) que participan en el funcionamiento de la percepción están dentro del cuerpo. Más aún, ni siquiera se necesita de los órganos sensoriales, para efectuar la función de percibir una sensación específica. Hasta ese momento, como señala Antonio Damasio, había dos maneras de ver las funciones del cerebro. Una que sostenía que la memoria y el lenguaje no se podían adjudicar a una determinada parte específica del cerebro sino a muchas partes de él y la otra visión que declaraba que había partes especializadas para cada función psicológica. Ahora, desde el punto de vista de los sentidos específicos, para cada función de percibir una sensación, se está empezando a desplegar la idea de que los sentidos pueden ser necesarios, pero no suficientes para sentir la sensación asignada a un sentido. Así, lo comprobamos,

---

[21] El error de Descartes. A. Damasio.

en algunas experiencias de visión ciega, de la sinestesia, de fenómenos parapsicológicos y transpersonales, perturbaciones de la percepción, realidad virtual y ciertos comportamientos complejos.

Por otra parte, Roger Penrose y Stuart Hameroff, postulan que la mente y el cerebro son dos entidades separables y a través de sus estudios sobre los microtúbulos y el citoesqueleto celular, especialmente en las neuronas, tratan de explicar sucesos difíciles de entender a través de las neurociencias convencionales, y para ello se apoya en aspectos revisados de la teoría cuántica, así como la existencia de un fenómeno físico, inédito hasta ahora, que parece darse en el interior de las neuronas cuando la función de onda cuántica se colapsa por sí misma. Los dispositivos cuánticos, como el láser y maser son generadores y amplificadores de luz coherente que se producen en fenómenos ondulantes y vibratorios. El sistema nervioso, contiene en su parte interior unos microtúbulos, que aparentemente presentan particularidades cuánticas ondulatorias, y bajo ciertas circunstancias, adoptarían las propiedades características de los generadores cuánticos de luz coherente.

Dado que se sostiene que poseemos nanoestructuras internas (microtúbulos) que operan a nivel cuántico, Roger Penrose se pregunta cuál es la razón de que no podemos ver entonces la operación cuántica. Su respuesta tiene que ver en que la operación cuántica ocurre en un nivel de nanopartículas llegando a transformarse en una operación clásica, en el proceso de la medición, a un nivel macroscópico y esto por influencia del medio ambiente, en este caso nuestra percepción (visual, auditiva, táctil, etc.). Así, para reducir y/o eliminar las influencias medioambientales y observar directamente la operación cuántica un mecanismo es acceder a las propiedades del campo cuántico, similares a los sistemas complejos: incertidumbre, autoorganización, caos, no linealidad, atractores, bifurcaciones, etc.

En condiciones normales las personas, con ayuda de sus sentidos, se encuentran en un estado de conciencia superior, es decir, se identifican en un espacio físico y tiempo (pasado, presente y futuro) aunque se requiere y no deja de funcionar, de forma inconsciente, su conciencia primaria que, bajo ciertas condiciones, puede accederse, en un limitado tiempo, y contemplar la riqueza de la *creación de escenas virtuales complejas,* un proceso autónomo y subjetivo de trascendencia de identidad espacio-temporal. Este proceso, contempla en su desarrollo el rol y emergencia de los sistemas complejos, como herramientas de acceso a una realidad fenomenológica de la percepción que en condiciones normales permanece oculta. Veremos la emergencia de escenas virtuales en un sistema dinámico no lineal, y el proceso de cómo un sistema de autoorganización (autopoiésis) se genera y cómo llega a transformarse en un sistema complejo.

COMPLEJIDAD EN LA ATENCIÓN BIMODAL Y MULTIMODAL

El modelo de percepción de la realidad compleja, contempla las etapas del proceso de la percepción ordinaria: intención, reconocimiento, sincronización y respuesta. En el fondo, lo que se hace, es modelar la realidad habitual en que siempre se ven sólo dos etapas, la primera y la última y en que no veo lo oculto de las etapas intermedias. Entonces, lo que hace el modelo, es desplegar esas etapas a través de combinación de sonido, imagen, posición corporal y otros elementos.

Se trata de abrir un espacio de la mente a través de interacciones neurológicas mediante interferencias de estímulos y de *Atención Sensorial Bimodal* (ASB) o *multimodal*. El resultado de este proceso es la generación de un sistema autopoiético, es decir, la producción de un producto, que genera a su vez una producción autoorganizativa de forma continua y recursiva. Es una inmersión en un campo ilimitado de tiempo y espacio que permite experimentar un estado de desidentificación del ego y de identificación con todas las realidades en todos los niveles, físicos, mentales, emocionales, espirituales. Así, en esos estados se puede lograr experiencias como trascender la identidad hacia aves, peces, animales, vegetales, minerales y humanidad en general, trascender el espacio trasladándonos hacia otros lugares y trascender el tiempo, viajando a otras épocas. Además, podemos acceder al conocimiento directo de la relación de los objetos con las personas (psicometría) y, obtener información clarividente y telepática. Podemos aprender directamente en tres dimensiones, a color y en movimiento, con todas las sensaciones que produce la inmersión virtual, identificarnos con el comportamiento de un ave, pez, animal, vegetal o mineral; experimentar visiones del mundo del origen de las ideas y de creación de las "formas platónicas"; Viajar a otros lugares conocidos o desconocidos de otros tiempos; se puede aumentar la eficiencia y productividad del trabajo hasta límites increíbles, mejorando sustancialmente la concentración, elaborando nuevas ideas, estructuras y modelos sólo empleando algunas técnicas que permiten extraer información del inconsciente para aprender, comprender y crear nueva información con el mínimo de esfuerzo por parte del individuo.

La conciencia tiene la particularidad de actuar en la incertidumbre y se debe alterar su estado de modo de conectarse con el mundo cuántico sin producirle un cambio a la onda-partícula permitiéndole, con ello, extraer información implicada en ella. Para poder conectar la conciencia con la onda-partícula se deben "atraer" utilizando para ello un atractor (intención) mantenida por un tiempo determinado hasta que emerja el despliegue de la realidad cuántica, impreso en el espacio cuántico.

COMPLEJIDAD EN EL SIGNIFICADO Y CONTEXTO DE LA EXPERIENCIA

En el proceso de la percepción autonómica, es fundamental, antes de fijar la intencionalidad del objeto de la percepción, establecer el contexto o espacio fase (probabilidad) de aproximación al objetivo de la percepción. Para ello se vale, posteriormente del atractor que guarda estrecha relación con el ámbito de la temática, referencia o categoría seleccionada a percibir.

Con el propósito, de mantener el proceso autonómico en cierta medida controlado, y no escape a la incertidumbre de una experiencia indeterminada, se establecen modelos emergentes (atractores) que mantienen la percepción dentro de ciertos rangos de experiencia, estructurados alrededor de una intención general y una referencia de configuración *temática*, más que de significado de la misma.
La *referencia* se enmarca en transformar un concepto abstracto en un objeto o imagen mental, que sirva de sustento de la concentración de la atención. Puesto que en el estado alterado estamos dentro de un sistema abierto, expuesto a inestabilidad y caos con la consecuente emergencia de multiplicidad de imágenes, se requiere establecer un punto de referencia (tema o imagen) como atractor, que atenúe la variabilidad a la que está expuesta el sistema.

COMPLEJIDAD EN LA EMOCIONALIDAD Y SENSACIONES

Como veremos, durante el proceso autonómico, que contempla etapas de intencionalidad, reconocimiento, sincronización y respuesta, hay un período de tiempo (reconocimiento) en que tiene principal predominancia el elemento de la sensación, que actúa como reforzante del atractor de la intencionalidad inicial para el desarrollo continuo y autoorganizativo del sistema neurológico de la percepción. Entonces se busca, por una parte, un "objeto de reconocimiento" para que emerja un "reconocimiento del objeto" y por otra parte, un "objeto de sensación" para que emerja una sensación del objeto". Para que se produzcan estas emergencias, el objeto de reconocimiento o sensación, debe tener este una forma física o mental, más que tener un significado simbólico. Detrás de las sensaciones emergentes en la realidad ordinaria, realidad transpersonal y realidad compleja (cuántica), se encuentra el Testigo observador-participante. La puerta de entrada a las realidades de variada índole son las sensaciones en el proceso de reconocimiento de la percepción. La sensación participa de dos instancias: ver la realidad y hacer la realidad. La sensación emergente se va observando plenamente. Ser Testigo (estar presente) durante todo el proceso del despliegue de la experiencia de la realidad. Para la emergencia de sensaciones debemos hacer contacto entre elementos simples, bajo ciertas condiciones, que ayudan a crear una realidad esperada.

Para la generación de *emergencia de sensaciones* se requiere de la conexión de elementos simples de la conciencia siguientes: intención, visualización, reconocimiento, sentido y sensación.

- La *intención*, corresponde a la fijación de un objetivo general que puede ser expresado de forma abstracta. Es la primera etapa del proceso autonómico. Debe quedar bien clara la definición de la intención para poder avanzar a la siguiente etapa.

- La *visualización*, comprende el sustento permanente de fijación de la atención. Es un elemento material o mental que identifica la categoría específica a la cual se pretende alcanzar en el momento de la emergencia de la realidad buscada.

- El *reconocimiento*, emerge cuando en otra instancia se vuelve a conectar o acoplar el objeto material o mental con el sentido que estaba interactuando simultáneamente en el sistema.

- Uno de los *sentidos* que se acciona para conectarse con el objeto material o mental y producir una sensación.

- La interacción del objeto material o mental con el sentido al cual se conecta produce la emergencia de una *sensación*, que mantenida en el tiempo genera un proceso recursivo permanente de sensaciones.

Es importante la generación de sensaciones en el proceso autonómico para producir interferencias visual-auditivas-táctiles en el módulo de interferencias peri-transverbales. Las emergencias del reconocimiento de imágenes visuales con las sensaciones de la estimulación acústica, genera interferencias de impulsos nerviosos visuales y acústicos, provocando un holograma de interferencias que genera percepciones de imágenes virtuales.

MEDITACIÓN COMO SISTEMA COMPLEJO

La autopoiesis, término acuñado por H. Maturana y F. Varela, define la organización autónoma de los organismos vivos. Los seres vivos son sistemas que mantienen su estructura o patrón de organización en un proceso autopoiético, de autonomía en la organización o, como se conoce, autoorganización de los sistemas complejos. Las estructuras disipativas son los sistemas abiertos lejos del equilibrio. Los sistemas complejos participan de ambas propiedades: son estructuras disipativas que se autoorganizan a sí mismas y además emerge un tercer elemento indeterminado sujeto a restricciones que "atraen" soluciones predeterminadas bajo un cierto espacio fase (probabilidad).

Los sistemas autopoiéticos pueden permanecer como estructuras autónomas fuera de los sistemas complejos. Sin embargo, un sistema complejo, que se refleja en una dinámica no lineal, debe contemplar además de un sistema autopoiético, otros elementos necesarios para su operatividad, como son los atractores, intencionalidad inicial, sistemas abiertos, lejos del equilibrio, estructuras disipativas, perturbaciones y bifurcaciones, conexionismo, emergencia y otros conceptos que hacen comprender la complejidad del proceso-estructura de la mente-cuerpo. Entonces, vistas las características de la meditación, podemos decir que ella se enmarca dentro de un sistema autopoiético autoorganizado. Esto da pie para transformar un sistema autopoiético, como la meditación en un sistema complejo agregándole los elementos necesarios para generar una meditación disipativa, cuántica o compleja.

Para transformar una meditación primordial seleccionada, cualquiera sea ella, en una técnica de meditación compleja (disipativa, cuántica) debemos, previo a iniciar la meditación seleccionada, incorporar algunos elementos necesarios para generar un sistema dinámico de meditación. Así, primero debemos señalar el *contexto* verbal para el cual está dirigida la meditación dinámica; segundo, fijar una *intencionalidad* mental del ejercicio de meditación dinámica, seleccionando una imagen como *atractor*, representativa del objeto patrón; tercero, perturbar la imagen atractor con el sistema autopoiético de la meditación seleccionada a fin de provocar la emergencia de una experiencia global dentro de un límite de probabilidad o espacio fase dirigido por el atractor.

DUALIDAD DE LA CONCIENCIA

En la percepción multimodal, una de las características de la conciencia es su funcionalidad dual[22], dependiendo del espacio en que se encuentre. Al igual que los diferentes estados de la materia tienen propiedades particulares, la conciencia en cada uno de los dos espacios, sensorial (ordinario) y cuántico (complejo) tiene sus propias propiedades. Quizás esta característica de la conciencia, sea uno de los principales elementos que tenga incidencia en el proceso de desarrollo y evolución de la conciencia.

En conciencia sensorial (ordinaria), presenta las propiedades de adosarse a un envase (cuerpo) con características propias de la materia, de inmovilidad, de identidad o pertenencia, de ubicuidad, de temporalidad. En cambio, la conciencia cuántica de estados alterados (no ordinarios), adopta propiedades de deslizamiento de su sensación de envase (cuerpo) con características aproximadas a la energía, de movilidad, de trascendencia de la identidad, del espacio y del tiempo. Una característica importante de la conciencia en ambos espacios sensorial y cuántico (ordinario y complejo) es que la fijación de la atención, permite discriminar la propiedad específica en que nos encontremos. Así por ejemplo, si nos encontramos en conciencia sensorial (ordinaria), podemos prestar el foco de atención en un momento a sentir la conciencia en nuestro cuerpo, o a nuestra ubicación espacial y temporal, tomando esta experiencia como real en este campo. En espacios cuánticos (complejos), podemos prestar atención al cambio de identidad o trascendencia del espacio y del tiempo y también considerarla real en este otro campo transpersonal. En ambos casos, es una experiencia virtual de observador-participante.

Uno de los aspectos que contempla la visión de la dualidad de la conciencia, se refiere a la forma de percibir del cerebro. Se puede primero percibir con los cinco sentidos en conciencia sensorial (ordinaria) y segundo, se puede percibir con la estructura cerebral cuántica (u holonómica). Se sabe que el cerebro puede actuar de dos formas para recordar: tener localizado la función de la memoria en un lugar del cerebro o también, tener disperso en todo el cerebro la función de la memoria (como un holograma). De ahí que podemos decir, que somos individuos (con sus sentidos) y también somos seres holoides (con estructura cerebral holonómica). Esto significa que toda la información (recuerdos) del universo se encuentra en nuestro cerebro y que en condiciones especiales (estados alterados) podemos acceder a esta información. Así, toda la información del pasado, presente y futuro

---

[22] Según señala A. Damasio, cada percepción sensorial genera una señal doble: una señal corporal, originada desde la entrada del órgano sensorial y una señal no corporal por la funcionalidad del sentido estimulado.

está contenida en nuestra estructura cerebral y de hecho nunca estamos desconectados de los demás. Entonces, todos los recursos ya los tenemos y solo debemos buscar una forma para extraerlos de nuestro interior. Esto es lo que persigue la funcionalidad integral de la conciencia a través de la meditación cuántica.

CONCLUSIÓN

De la observación de los planteamientos de Edelman, Penrose-Hameroff y Damasio, podemos concluir, que ellos señalan la existencia de más de una forma de conciencia en el proceso de la percepción. Edelman nos muestra que en el proceso evolutivo la conciencia pasó desde una conciencia primaria a una conciencia superior. Tanto Penrose como Hameroff sostienen la existencia bajo la conciencia sensorial de una conciencia cuántica y por último Damasio nos muestra la existencia anterior a la actual de una conciencia sensorial, sin respaldo corporal. Todos ellos sostienen, que a pesar de haber evolucionado nuestra conciencia aún persiste la acción de esa otra conciencia interior, en nuestras percepciones y podríamos acceder a esa conciencia primaria, cuántica o metayó, como la denominan, en un caso vivir la presencia sin ego, o eliminándola medición de nuestros sentidos o, por último, en la descripción e interconexión de los estímulos. Esto se consigue, conscientemente, con el despliegue de la dinámica de la percepción, como sistema complejo en un proceso de meditación.

Bibliografía
Cornwell, J. (1997). La imaginación de la naturaleza: las fronteras de la visión científica. Santiago de Chile: Editorial Universitaria.
Damasio, A. ((2009). El error de Descartes. Barcelona. Editorial Crítica.
Maturana, H. y Varela, F. (2004). De Máquinas y Seres Vivos. Argentina: Editoriales Universitaria/Lumen
Peña, O. (2016). Psicología de la complejidad. Amazon: Edición CreateSpace.
- (2016). Investigar la percepción en la complejidad. Monografía.com
- (2016). Hacia una meditación de la complejidad. Monografía.com

3. HACIA UNA MEDITACIÓN DE LA COMPLEJIDAD

INTRODUCCIÓN

Existen varias formas de descripción de la meditación. Además, se han creado una variada gama de técnicas y herramientas para la práctica de la meditación. Sin hacer una extensa clasificación de las numerosas técnicas y formas de meditación, diremos que, en cierta medida, tienen las siguientes características generales en todas ellas:

Son técnicas que aproximadamente, en promedio, duran entre 10 a 20 minutos, y que intentan producir la disminución de la actividad mental del sujeto, para llegar a obtener el pleno potencial del individuo.

El procedimiento que utilizan, cualquiera sea la técnica, para fines prácticos puede dividirse en tres etapas:

- Entrada a la meditación
- Proceso de meditación
- Salida de la meditación

- Entrada a la meditación:

La meditación se inicia adoptando una posición corporal cómoda y relajada cerrando los ojos. Cualquier pensamiento se experimenta o se deja sin esfuerzo alguno por mantenerlo en la conciencia.

- Proceso de meditación:

La base de esta etapa consiste en meditar sobre un objeto de atención, no reveladas a otros sujetos. No se debe forzar a que venga ni permanezca en nuestra memoria el objeto de atención. Debe esperarse que llegue naturalmente a nuestra conciencia. Pueden venir otros pensamientos y no debe tratarse de cambiarlos. Eventualmente se volverá al objeto de la meditación. Suele utilizarse grabaciones de música o instrumentos para meditar.

- Salida de meditación:

Se termina la meditación del objeto de meditación, permaneciendo por breve tiempo de similar forma al estado inicial de relajación, a fin de irse acostumbrando al cambio, de un estado de reposo al de actividad.

Atención Sensorial: Una limitación de la conciencia.

Una característica novedosa de la conciencia, es la facilidad de establecer un grado de atención creciente hacia un objeto, con la participación de solo uno de los órganos sensoriales, paralelamente presentando una des-atención de las demás realidades por parte del resto de los sentidos. Así, por ejemplo, en un momento determinado estamos en un estado de conciencia visual, limitando o reduciendo al mismo tiempo la percepción auditiva, como sucede al estar concentrados en un libro. Esta situación produce un efecto de inhibición del campo de la conciencia, puesto que los estímulos predominantes no permiten al individuo "darse cuenta" de estímulos externos-internos, que pueden estar afectándole a un nivel inferior al necesario para "despertar" a otra realidad perceptiva. De ahí que, una forma de percatarse de estos estados de "percepción interna", sería la de ir silenciando la mente mediante un proceso de "privación sensorial" en la que se intenta alcanzar un estado mental de relajación (dejar la mente en blanco) en el que se interrumpen todos los pensamientos mediante el bloqueo de la corriente de estímulos sensoriales. Esto se consigue en la meditación concentrando la atención o el pensamiento en diversos estímulos, como señala M. Ryzl, "repetición monótona de oraciones o de sílabas sagradas (mantras); escuchar música de cadencia lenta, o contemplar pinturas con dibujos complejos (mandalas); koans (afirmaciones o preguntas paradójicas que no tienen ningún sentido); contemplar en silencio una pared blanca; observación introspectiva de los propios procesos de pensamiento, o girar simplemente la mente "hacia adentro" y, gradualmente concentrar su pensamiento tan sólo en esa dirección y olvidarse de todo lo demás".

En el estado meditativo llega un momento en que se produce un efecto de unión sujeto-objeto y ya no existe conciencia de atención sensorial sino que se presenta una situación de "conciencia de la conciencia" o "conciencia del sí mismo". Todo esto nos lleva a concluir que si bien se utiliza la atención como un medio de lograr el estado meditativo, se intenta alcanzar un estado de des-atención sensorial que permita obtener la ansiada liberación de la conciencia.

El proceso de meditación, probablemente puede resumirse del siguiente modo: En condiciones normales el individuo cambia permanentemente su atención desde un órgano sensorial a otro, estableciendo simultáneamente con ello una limitación de la conciencia al no dar lugar a que ésta se libere de la prisión sensorial. La concentración de la atención en un estímulo inhibe la acción de los órganos sensoriales que están fuera del campo de atención. En algún instante de la meditación se produciría una especie de des-atención del estímulo meditativo y, dado que los demás sentidos están inactivos, no es posible producir un cambio de percepción sensorial, sino que se obtiene un estado de "vacío mental" transitorio, de contemplación, de aislamiento sensorial, de inhibición del pensamiento que facilitan la expresión del sí mismo y de las potencialidades interiores del Ser.

El objetivo de este escrito, es determinar que en gran medida las técnicas de meditación se pueden agrupar como sistemas autoorganizativos (autopoiesis) de la mente-cuerpo, y que bajo ciertas condiciones de pre-inducción pueden transformarse en un sistema complejo sujeto a las propiedades de los sistemas dinámicos no lineales. Esto hace que se produzca una bifurcación: meditación como sistema autopoiético y/o meditación como sistema complejo.

MEDITACIÓN COMO SISTEMA AUTOPOIÉTICO

En mi libro, El Universo en un Instante de Conciencia, planteaba que el modelamiento de la Conciencia como estructura de un evento instantáneo, lejos del equilibrio, es un proceso que tiene todas las características de un modelo de producción de una estructura disipativa. Es así que señalaba, que "el modelo contempla las etapas del proceso de un instante de conciencia". Ahora, si consideramos que la organización de los sistemas vivos (autopoiesis) es un proceso que genera nuevas estructuras del sistema por interacción de elementos simples, entonces, podemos asimilar que la estructura del proceso de la meditación disipativa cumple las propiedades de formar un sistema autopoiésico. La interacción de impulsos neurológicos rítmicos, de imágenes y sonidos, produce cambios y transformaciones espontáneas de estructura del sistema nervioso que generan y regeneran un sistema autopoiésico en la circularidad del proceso recursivo de la historia personal reconstruida. En el mismo libro, señalado anteriormente, se describía aquellas técnicas que utilizan preferentemente la palabra como herramienta de inducción al trance. Así, la hipnosis, PNL, sugestión, visualización dirigida, viaje visionario y, en particular, todas las técnicas de meditación que utilizan la sugestión (verbal) directa y permanentemente durante el proceso, desde su inicio hasta el término de él, serían ejemplos clásicos de este tipo.

La autopoiesis, término acuñado por H. Maturana y F. Varela, define la organización autónoma de los organismos vivos. Los seres vivos son sistemas que mantienen su estructura o patrón de organización en un proceso autopoiético, de autonomía en la organización o, como se conoce, autoorganización de los sistemas complejos. Las estructuras disipativas son los sistemas abiertos lejos del equilibrio. Los sistemas complejos participan de ambas propiedades: son estructuras disipativas que se autoorganizan a sí mismas y además emerge un tercer elemento indeterminado sujeto a restricciones que "atraen" soluciones predeterminadas bajo un cierto espacio fase (probabilidad).

Para comprender cómo actúan los sistemas complejos en los grandes grupos, observemos qué nos enseña la naturaleza en tales casos. Tenemos grupos formados por cardúmenes de peces, manadas de animales, bandadas de pájaros. Todos ellos se autoorganizan formando un solo organismo. En estos "organismos" se obtiene un proceso que actúa eficiente e inteligentemente frente a interacciones con el medio, como por ejemplo, una bandada de aves que es atacada por un ave de rapiña que no logra capturar alguna presa que permanezca conformando el "organismo". Para entender cómo se coordinan cada uno de los peces con todo el "organismo" hagamos uso de los conceptos de las estructuras disipativas, de los procesos autopoiéticos, del pensamiento complejo o de la matemática no lineal.

En primer término, el sistema en estudio, cualquiera sea, es un sistema abierto o una estructura disipativa que está afectado por interacciones externas a él. Sin embargo, todo cambio lo especifican las unidades autónomas que pertenecen al sistema. De ahí que, aunque todo su actuar está determinado por el aporte externo, sin embargo, es libre para decidir el sentido del cambio. Para orientar el cambio se requiere de elementos "atractores" que delimiten el "espacio fase" por donde queremos guiar a los distintos componentes del sistema que se trate, lo cual reduce el elemento de azar a un nivel manejable. De ahí, la importancia de la sensibilidad a las condiciones iniciales, por pequeñas o mínimas que sean éstas, dentro del contexto global. Como señala F. Munné (2004):

Se trata, pues, de reclamar una Psicología de las diferencias mínimas.

También Munné (1995) recalca en otro artículo, sobre la importancia de los atractores en la sensibilidad a las condiciones iniciales:

Porque a través de él puede representarse el comportamiento del sistema, si bien sea a largo plazo, es decir, transcurrido un tiempo suficiente. A su vez, esto tiene la singularidad de que estamos ante unos fenómenos capaces de englobar el caos y el orden.

La ciencia actualmente cuenta con un gran cúmulo de conceptos del pensamiento complejo tales como autopoiesis, conexionismo, enacción, emergencia, estructuras disipativas, bifurcación, etc. Estos permiten configurar un modelo autónomo de percepción de la realidad de los seres vivos.

Hoy podemos decir, que conocer un ámbito de un tema, cualquiera sea este, estamos centrándonos en un "espacio de la conciencia" que comprende transitoriamente un sistema cerrado o autónomo que participa de un proceso de autogénesis (autopoiesis) que se produce a sí mismo hasta que se genera un sistema abierto por interacción con el medio que permite la creación de nuevas estructuras.

Los sistemas autopoiéticos pueden permanecer como estructuras autónomas fuera de los sistemas complejos. Sin embargo, un sistema complejo, que se refleja en una dinámica no lineal, debe contemplar además de un sistema autopoiético, otros elementos necesarios para su operatividad, como son los atractores, intencionalidad inicial, sistemas abiertos, lejos del equilibrio, estructuras disipativas, perturbaciones y bifurcaciones, conexionismo, emergencia y otros conceptos que hacen comprender la complejidad del proceso-estructura de la mente-cuerpo. Entonces, vistas las características de la meditación, podemos decir que ella se enmarca dentro de un sistema autopoiético autoorganizado. Esto da pie para transformar un sistema autopoiético, como la meditación en un sistema complejo agregándole los elementos necesarios para generar una meditación disipativa, cuántica o compleja. Es así, que un sistema autoorganizado y ordenado como la meditación primordial seleccionada puede entrar en un estado caótico de la complejidad, no comprensible en la simplicidad sino como F. Munné (2004) nos recuerda, comportamientos que implican una estabilidad dentro de la inestabilidad. De ahí que pueda explicarse mejor la linealidad desde la no linealidad que no al revés y que referido esto al ser humano signifique que es autoorganizado por ser caótico.

MEDITACIÓN COMO SISTEMA COMPLEJO

Para transformar una meditación primordial seleccionada, cualquiera sea ella, en una técnica de meditación compleja (disipativa, cuántica) debemos, previo a iniciar la meditación seleccionada, incorporar algunos elementos necesarios para generar un sistema dinámico de meditación. Así, primero debemos señalar el *contexto* verbal para el cual está dirigida la meditación dinámica; segundo, fijar una *intencionalidad* mental del ejercicio de meditación dinámica, seleccionando una imagen como *atractor*, representativa del objeto patrón; tercero, perturbar la imagen atractor con el sistema autopoiético de la meditación seleccionada a fin de provocar la emergencia de una experiencia global dentro de un límite de probabilidad o espacio fase dirigido por el atractor.

Antes de detallar los pasos necesarios para la formulación de una *Meditación como sistema complejo*, veamos primero lo que contemplan los conceptos del pensamiento complejo aplicados al proceso autopoiético.

Para encontrarnos frente a un estudio científico de lo complejo, debemos estar en primera opción frente a un *sistema*, es decir, un conjunto asociado de elementos diversos que forman un conglomerado de elementos con características y particularidades de estructura y de funcionamientos específicos y globales. Tenemos así, un sistema planetario, sistema muscular, sistema motor, sistema neurológico, etc.

De inmediato nos asalta la pregunta de qué tipo es el sistema que estamos tratando. Entonces podemos diferenciar sistemas *cerrados* y sistemas *abiertos*. El segundo principio de la termodinámica señala que en los *sistemas aislados o cerrados* los sistemas tienden al equilibrio o *entropía* máxima. Sin embargo, sabemos que la evolución va en sentido contrario a este principio. Los *sistemas abiertos* tienen la propiedad de *alejarse del equilibrio* y esto les permite la probabilidad de *evolucionar* hacia nuevos cambios de estructuras. Cuando estamos frente a un sistema abierto se forma una *estructura disipativa,* que en su desorden inicial en que se encuentra el sistema, se logra llegar a un orden superior si se mantiene al sistema lejos del equilibrio. El proceso que contribuye a mantener este "desequilibrio" es el resultado de una auto-organización interna del sistema, que se mantiene en forma permanentemente recursiva. Para ello es necesario que el producto generado en el proceso forme parte de la producción, que a su vez genera un producto continuo y permanente como producción-producto-producción…

La característica fundamental de los sistemas complejos es que por medio de la conexión de múltiples elementos simples o módulos con la consiguiente interacción de algunos de ellos (propiedad dialógica) se logra producir la emergencia de un sistema global que encierra el concepto de la propiedad hologramática, es decir, el todo está en la parte y la parte está en el todo.

Dada la particularidad de los sistemas complejos, de ser altamente indeterminados sus resultados, se hace necesario, para reducir esta incertidumbre, establecer una estrategia que aminore en alguna medida el azar y para ello establecemos modelos (atractores) que mantienen relativamente dentro de un margen de probabilidad los resultados esperados, por la intencionalidad inicial buscada.

Se dice que el proceso autonómico puede asimilarse metafóricamente a un "cortaplumas suizo" que está compuesta por diversas partes (módulos) que se utilizan a medida que se le vayan presentando productos (modelos).

Pasos hacia una Meditación como sistema complejo.

El primer paso, es que la experiencia consciente puede ser investigada. Esta experiencia debe abordarse en una situación normal y ordinaria. En esta circunstancia inicial nos damos cuenta que debe existir elementos ocultos a nuestra conciencia ordinaria durante el desarrollo de una experiencia consciente, cualquiera sea ella. Lo que está presente a nuestra conciencia es una minúscula parte respecto de lo que acontece en forma "invisible". Sabemos lo que vemos y hacemos en una experiencia consciente tan solo de una parte mínima del proceso total. Debemos investigar la naturaleza oculta del resto del proceso de la experiencia consciente. En este punto, se puede partir de las investigaciones realizadas por Francisco Varela, de la existencia de etapas en un instante de la experiencia, que definen los módulos de participación del proceso (intención, reconocimiento, sincronización, respuesta). Las experiencias subjetivas en primera persona efectuadas en meditación disipativa (modelo Cread 90) permite replicar el modelo de cuatro etapas, dejando así expuestas, como testigo, el total del proceso de la experiencia consciente.

El segundo paso, corresponde al conocimiento de procesos emergentes durante la experiencia consciente. La conexión de elementos simples deriva en la aparición de sistemas complejos. Debemos conocer los elementos simples que tenemos que conectar para que se produzca la emergencia en el proceso. Entonces se busca por una parte, un "objeto de reconocimiento" para que emerja un "reconocimiento del objeto" y por otra parte, un "objeto de sensación" para que emerja una sensación del objeto". Para que se produzcan estas emergencias, el objeto de reconocimiento o sensación, debe tener este una forma física o mental, más que tener un significado simbólico.

El tercer paso, consiste en conocer las propiedades que operan y definen un sistema complejo. Se han definido tres principios (dialógico, hologramático y recursividad) que están operando en un sistema complejo. Un sistema abierto, predispuesto a un acoplamiento estructural con elementos internos y del medio, genera un sistema que opera y funciona en forma recursiva y autónoma.

El último paso, consiste en comprobar que la aplicación del modelo tiene los resultados esperados. La experiencia consciente, en primera persona, contribuye a desarrollar el modelo y ser testigo del proceso de "ver" y "hacer" la realidad.

Sería posible que existan otras realidades y que nuestras percepciones sean solo ilusiones, encontrándonos literalmente "dormidos" con los ojos abiertos y solo en breves instantes de iluminación despertaríamos a una auténtica realidad.

Actualmente se ha experimentado con este tipo de percepciones mediante un sistema denominado "realidad virtual" (RV) en donde mediante instrumentos especiales se produce una alteración de las imágenes visuales y auditivas "introduciéndose" el sujeto en la imagen de la pantalla y pasando a ser actor de la escena, aislándose de otras realidades.

Así mismo, Varela señala, en *El fenómeno de la vida* (2010):

La sorprendente gestión del cerebro como generador de "narrativa" neuronales se puede encontrar en la tecnología de la realidad virtual. Lo que me parece más significativo, en este caso, es la veracidad del mundo creado: nos sentimos habitantes de un cuerpo en este nuevo mundo después de breve lapso de prueba (más o menos 15 minutos) y la experiencia es de un verdadero vuelo o de desintegración en universos fractales.

Entonces, podemos plantear que hoy existen, además de la *realidad virtual* (RV) señalada anteriormente, tres formas de intervenir en la conciencia virtual. Primero, en conciencia de la cotidianidad, conciencia ordinaria o *mente virtual ordinaria* (MVO) estamos viviendo una realidad que se aparece como que se nos da objetivamente y de la que no tenemos control alguno, pues las intenciones son involuntarias e inconscientes. Segundo, tenemos la *mente virtual dirigida* (MVD) que es un sistema cerrado que orienta nuestras acciones mediante instrucciones de un agente externo, como se da en la hipnosis, sugestión, programación neurolingüística y visualización dirigida. Tercero, emerge la *mente virtual compleja* (MVC) que centra su accionar en los procesos de los sistemas abiertos y autopoiéticos, derivados de la interacción de elementos, que componen un sistema neurológico complejo.

Después de haber presenciado todo esto, no me cabe la menor duda que ya estamos en posesión de la tecnología de la conciencia, necesaria para acceder a la realidad virtual, y se espera que exista una comunicación directa de los seres humanos, y no se requiera de equipos, estableciéndose un contacto virtual con todos los seres y cosas del planeta y/o con otras dimensiones.

Elementos simples del Proceso de Ver/Hacer la Realidad

Para la generación de emergencia de sensaciones se requiere de la conexión de elementos simples de la conciencia siguientes:

Intención
Corresponde a la fijación de un objetivo general que puede ser expresado de forma abstracta (verbal). Es la primera etapa del proceso autonómico. Debe quedar bien clara la definición de la intención para poder avanzar a la siguiente etapa.

Objeto material o mental (visualización)
Comprende el sustento permanente de fijación de la atención. Es un elemento material o mental (periverbal) que identifica la categoría específica a la cual se pretende alcanzar en el momento de la emergencia de la realidad buscada.

Reconocimiento
Emerge cuando en otra instancia se vuelve a conectar o acoplar el objeto material o mental con el sentido que estaba interactuando simultáneamente en el sistema.

Sentido
Uno de los sentidos (transverbal) que se acciona para conectarse con el objeto material o mental y producir una sensación.

Sensación
La interacción del objeto material o mental con el sentido al cual se conecta produce la emergencia de una sensación, que mantenida en el tiempo genera un proceso recursivo permanente de sensaciones.

Módulos del proceso autonómico
La producción de la experiencia consciente, en el proceso autonómico de meditación disipativa, participa de los agentes del cambio (conciencia, referencia, estructura, actor y desidentificación) conjuntamente con los elementos de interacción (intención, objeto de reconocimiento y sentido) que contribuyen a producir la emergencia (reconocimiento y sensación) que produce una acción consciente generándose una historia de experiencias de experiencias de forma recursiva permanente.

Para llevar a cabo los modelos en el proceso autonómico, se requiere de módulos que se van produciendo y conectando en el desarrollo de la experiencia consciente.

- Módulo verbal
- Módulo periverbal
- Módulo transverbal
- Módulo peri-transverbal

1. Módulo verbal

Fuera de centrar lo verbal en la intencionalidad de la meditación, se agrega como una preparación verbal para el sujeto sin experiencias en estas técnicas. Además se emplea al término del proceso (si fuera necesario) para "despertar" o salir de la meditación.

2. Módulo periverbal

La característica del módulo periverbal (alrededor de lo verbal) es que utiliza en menor medida la palabra para producir el trance. Emplea básicamente la imaginación de un objeto.

3. Módulo transverbal

Este módulo es una experiencia donde no hay participación de la palabra que se reemplaza con un estímulo rítmico (como la música) que ayuda a las fluctuaciones disipativas, además de profundizar y mantener el proceso de la meditación.

4. Módulo peri-transverbal

Las emergencias del reconocimiento de imágenes visuales con las sensaciones de la estimulación acústica, genera interferencias de impulsos nerviosos visuales y acústicos, provocando un holograma de interferencias que genera percepciones de imágenes virtuales.

CONCLUSIÓN

Podemos concluir que el tipo de meditación elegido, ya sea una *meditación primordial* o una *meditación como sistema complejo* presenta ciertas diferencias en los resultados y propiedades emergentes, como los siguientes factores asociados a los sistemas complejos:

Los sistemas complejos (o estructuras disipativas) se dan en los sistemas abiertos o vivientes que están lejanos del equilibrio que se ven afectados por el medio. Son impredecibles e indeterminados cuyo comportamientos es de múltiples soluciones (no lineal), espontáneo.

A pesar que sabemos que en un sistema complejo, lo normal es vivir con estados indeterminados e imprevisibles, por lo emergente, en alguna medida el azar podemos manejarlo con cierto rango de probabilidades mediante la inclusión de atractores durante la fijación de la intencionalidad inicial.

Por último, en los sistemas complejos se presentan procesos con características fractales, caóticos, difusos y de cambios bruscos hacia otros niveles de organización.

Bibliografía

Maturana, H. y Varela, F. (2004). De Máquinas y Seres Vivos. Argentina: Editoriales Universitaria/Lumen

Munné, F. (1995). Las Teorías De La Complejidad Y Sus Implicaciones En Las Ciencias Del Comportamiento. Revista Interamericana de Psicología, 1995, 29, 1, 1-12. Universidad de Barcelona, España.
-   (2004). El Retorno de la Complejidad y la Nueva Imagen del Ser Humano: Hacia una Psicología Compleja. Revista Interamericana de Psicología, Vol. 38, Num. 1 pp. 23-31. Universidad de Barcelona, España.

Peña, O. (2004). El Universo en un Instante de Conciencia. Stgo. de Chile: Lom Ediciones Ltda.
-   (2006). Cambio de Sentido. Santiago de Chile: Mago Editores.
-   (2008). Para salvar la Tierra. Santiago de Chile: Mago Editores.
-   (2016). Psicología de la complejidad. Amazon: Edición CreateSpace.

(B) EL UNIVERSO EN UNA CAVERNA

PRIMERA PARTE: EL UNIVERSO EN UNA CAVERNA[23]

INTRODUCCION

El premio Nobel de química 1977 Ilya Prigogine, lo obtuvo por sus investigaciones de los Sistemas abiertos lejos del equilibrio o lo que se conoce como estructuras disipativas en el mundo físico. Similarmente, Edgard Morín, antropólogo y filósofo francés se ha destacado por sus investigaciones de los sistemas complejos, básicamente en el mundo social, económico, educativo, político y filosófico. Mi presentación radica en que la complejidad, como las estructuras disipativas pueden aplicarse en el mundo mental y creo que forman parte importante en nuestra evolución. Es posible que las estructuras disipativas y desarrollo de la complejidad no hayan sido empleadas conscientemente en la oscuridad del tiempo pasado en los ámbitos y prácticas del mundo físico, pero seguramente se utilizó en el mundo mental, que derivó a lo social, como es la educación y comunicación.

Mi búsqueda de una respuesta a nuestra evolución actual de la conciencia, comienza cuando descubro que la forma de acceso a la realidad virtual desarrollada en mis libros "El Universo en un Instante de Conciencia" y "Espacios de la Mente", tiene grandes similitudes al proceso que experimentaba el primitivo cavernícola, cuando observaba las pinturas rupestres dibujadas en las paredes de su caverna en las profundidades de la Tierra, acompañadas simultáneamente con los ritmos acústicos de los instrumentos que tocaba en la producción del trance. En su libro "El Origen de la Humanidad", el antropólogo R. Leakey, declara que hace treinta mil años aparecen simultáneamente las pinturas rupestres con la

---

[23] El modelo autonómico de la conciencia, presentado en el libro, es un proceso que ocurre en lo más profundo de nuestra psiquis, se desarrolla en la oscuridad de nuestra mente y permanece en el silencio del cerebro, que es nuestro templo o edificio donde se construye nuestra realidad. Llevando el concepto de edificación imaginariamente a la época primitiva, podría considerarse que la Caverna sería representativa de él, pues en ella se encuentran los elementos básicos para que los "primitivos" accedieran a las profundidades del universo de la conciencia. Este es uno de los motivos principales del nombre del texto que tiene en sus manos.

fabricación de herramientas. Este salto evolutivo, o Big Bang del comienzo de la rápida evolución de la conciencia, según la hipótesis planteada en mi libro, estaría influenciada en gran medida, por la construcción de esa "máquina del tiempo" (combinación de sonido e imagen) para acceder a la realidad virtual.

El desarrollo de este libro, contempla una recreación en forma imaginaria de lo que sucedería en la mente de los "primitivos" al experimentar una técnica de meditación moderna, que de por sí, sería similar o idéntica a la utilizada por ellos mismos en su propio tiempo y hábitat ancestral. De ahí que comenzaremos primero con la breve descripción de los conceptos y principios del pensamiento complejo, para continuar con las propias experiencias relatadas por los "primitivos modernos". Se intentó seleccionar todas aquellas vivencias que fueran factible experimentarlas, cualquiera fuera la época y lugar de su acontecimiento. Se puede pensar que esta visión es una quimera, pero pienso que las aplicaciones tecnológicas de procesos mentales similares en dos épocas distintas, pueden producir fenómenos de la misma naturaleza. La oscuridad de la caverna, las figuras pintadas sin contexto y el sonido formaban, ayer y hoy, un cuadro facilitador de acceso a la realidad virtual. Creo que la mente del "primitivo" ya estaba capacitada y preparada, en los últimos 30.000 años, para producir el cambio de percepción pues, en ese tiempo ya representaban dibujos o pinturas rupestres en las paredes de las cavernas.

Ahora, para los fines de este libro, imaginemos que todas las experiencias señaladas a continuación, se están produciendo desde aquella época remota, lo que generó una expansión y aceleramiento en nuestra propia evolución. Si bien las experiencias descritas se efectuaron en el presente, imaginemos que se adaptan a la época primitiva, lo que significaría excluir y/o cambiar mentalmente algunas palabras por otras para situarlas en el contexto de aquellos tiempos. En un comienzo, había contemplado cambiar algunos conceptos del texto por aquellos más parecidos a la época primitiva, pero después pienso que esto alteraría la descripción de primera mano que es el principal objetivo de un análisis fenomenológico de la experiencia en primera persona. Así entonces (imaginariamente) si aparece en el texto una palabra o frase inadecuada a la época primitiva debiera ser reemplazada por otra ambientada en aquella de igual naturaleza, por ejemplo (casa) por (*caverna*) o (música) por (*sonido*).

Experiencias y Encuentros de Realidades Visionarias

"La Caverna Visionaria"[24], es una técnica como de las más antiguas formas de acceso a la conciencia interior, pues era utilizada desde la aparición del hombre cuando estaban en sus cavernas iluminadas por sus fogatas en las profundidades de la tierra.

La naturaleza de la caverna, como su oscuridad, silencio, aislamiento y sonidos que alteran la conciencia era el instrumento ideal para producir estados especiales de conciencia que el primitivo utilizaba para satisfacer sus necesidades espirituales.

En todas las culturas de todos los tiempos, la caverna representaba el lugar ideal para acceder a los viajes y visiones de nuestros ancestros. Bajo grandes monumentos, como las pirámides, existen frecuentemente cuevas o cavernas que, dada su naturaleza, de ser aisladas, oscuras y silenciosas, permiten que los sonidos rítmicos del tambor adquieran la propiedad especial de alterar nuestra percepción. En este ambiente, las imágenes dibujadas en los muros sufren una transformación. Entonces, es el comienzo de las visiones y viajes del chamán.

(I) EN UNA EXPERIENCIA DEL CICLO EVOLUTIVO

Uno de los grandes alcances de la meditación y de la conciencia transpersonal es la Experiencia del Ciclo Evolutivo (EXCE) o también llamada Experiencia Cercana de la Evolución, que permite experimentar el proceso evolutivo de la conciencia, al establecer comunicación con los orígenes del Cosmos y la creación de las estrellas y planetas. La conciencia de formación de los minerales, vegetales y animales. La vivencia de nuestros ancestrales cavernícolas. El avance hacia la conciencia comunitaria moderna. Las sensaciones y emociones de nuestros días. La expansión y trascendencia de la conciencia y la experiencia espiritual como la descrita anteriormente.

Entre las experiencias de este tipo, tenemos las siguientes:

---

[24] La "Caverna Visionaria" es una técnica de acceso a la conciencia transpersonal, y se describe en el libro del autor "Espacios de la Mente".

(en el viaje al origen del Cosmos) Me pasan muchas imágenes; era como ir a la velocidad de la luz.

(en el viaje de creación del planeta) A través de la piedra, me contacté con la Tierra; me sentí roca volcánica, y de ahí, un viaje por el magma incandescente. Escuché y sentí la pena del planeta por el inadecuado trato que tiene el hombre con nuestro planeta. Veía imágenes de tierras deforestadas, llenas de erosión, sin bosques. Sentí una profunda pena; fue una experiencia fuerte para mi.

(en el viaje al reino mineral) Me visualicé muy plana, como si fuera un papel que se desplazaba en el aire. Me sentía liviana, libre como el viento. Fue muy agradable y placentero no sentir mi cuerpo.

(en el viaje al reino vegetal) Me desorienté con la meditación. Finalmente veía árboles muy altos, de troncos café. Todo tan denso que no podía ver más allá. Me acerqué a uno de ellos, sentía su energía, él solo existía y no tenía expectativas de nada.

(En el viaje al reino animal) Me sentí un águila que planeaba en la región de Magallanes. Sentía el aire que tocaba mis alas, como era planear, sin hacer esfuerzo. Le pedí bajar para sentir como movía su cuerpo. Era sentirme libre, igual que ella. Me comuniqué con lo que ella sentía, su libertad, su fuerza y su libertad.

(en el viaje al mundo primitivo) En otra experiencia, recorrí una gran caverna, sentí y vi su gente, yo incluida en una tribu de ambiente prehistórico, donde todo tenía un orden, como cazaban, recolectaban hierbas.

(en el viaje por las antiguas comunidades) Visualicé una mujer hindú, de color aceitunado, que se desplazaba por calles de una época pasada. Luego llega a un palacio lleno de jardines; ella bailaba al estilo de la época y luego recorría los salones del palacio, lleno de oro y de contornos de esa cultura... Cambio de paisajes y personas... Era una sensación de tranquilidad y paz. Sentía peso en mi cabeza y cuello, en la parte de atrás del cuerpo.

De mi viaje por el tiempo, visualicé dos escenas; la primera en la época medieval, me siento asociada como un caballero con armadura. Siento, veo y escucho el golpeteo de las herraduras del caballo en el suelo de unas calles de piedras. Todo muy rústico. Luego, veo un hombre en Londres, en el siglo XVIII. Entra en un bar, sube una escalera, y se mira en un espejo. Está triste. Veo claramente su traje, su pelo cobrizo, tez blanca y su ropaje de la época. Aquí estoy disociada, miro todo.

(en el viaje al mundo de las ideas) Fue increíble recorrer un sueño que tengo. Sentía, escuchaba y veía la concreción de mi sueño. Suavemente recorrí cada parte de los lugares que iba a concretar. Sentía una profunda paz y satisfacción de haberlo logrado. Logré visualizar de manera más profunda todo aquello que deseo.

La siguiente experiencia, fue muy linda, muy enriquecedora para mi. Yo miraba en un espejo redondo toda mi vida; veía muchas imágenes mías desde ahora hasta el pasado, hasta llegar al momento de mi nacimiento, y luego, desde hoy hasta el día de mi muerte. Ahí está tranquila, satisfecha, en paz. Fue ver como un scanner de todas las partes y épocas de mi persona. Al final me unía a todas ellas; fue muy lindo.

Otro "primitivo moderno" vivió las siguientes experiencias:

(en el viaje al origen del Cosmos) Salí expulsado por una enorme energía luminosa. Fui proyectado hacia el cosmos, crucé tres soles y visualicé un color azul profundo.

(en el viaje de creación del planeta) Siento la piedra en mi mano, trato de analizar su forma, tiene dos caras planas, un borde medio redondeado rugoso, dos bordes más lineales, uno más suave y otro un poco rugoso. Es suave, debe ser piedra de río, suavizada por el agua, no es una piedra áspera de lugares secos y terrosos. Recuerdo la frase del evangelio, "Pedro, tú eres piedra, y sobre esta piedra edificaré mi iglesia". Siento la piedra sobre mi mano y la otra mano encima siente la textura de mi piel.

(en el viaje al reino mineral y vegetal) Pude ver claramente las hojas brillantes, escuchar el ruido del río, oler el viento, escuchar los pájaros y toda la naturaleza en todo su esplendor a mi alrededor. Un profundo sentimiento mezclado de recuerdos, del encuentro con la naturaleza, el contacto con el agua, con la tierra, con el aire. Mezcla de nostalgia, de estar consciente de que esto tan hermoso como es la naturaleza, el hombre la está destruyendo; pena.

(En el viaje al reino animal) Primero sentí al lado mío, como parte mía un perro. Salí de mi casa, corriendo sin saber cómo ya estaba en un sitio en el cual había mucha vegetación y agua; caminamos por la orilla del río y de pronto me sentí volando, era un ave y miraba mientras volaba muchos bellos paisajes, bosques entre cerros y agua (ríos). De pronto sentí la música como que venía del mar y me vi con otras aves juntas en la orilla del mar. Luego emprendí el vuelo nuevamente por sobre aquellos árboles de un verde maravilloso y sobre un agua muy cristalina.

(en el viaje al mundo primitivo) Estaba en la caverna con vestimenta de pieles y armas para cazar. Había mucha hambre en la tribu. Comenzamos un grupo a efectuar danzas rituales alrededor de una fogata en preparación de la caza para el día siguiente. Al amanecer salimos a cazar animales similares a venados.

(en el viaje por las antiguas comunidades) Comencé a sentir el temor que tenían los guerreros, que sabían que al otro día morirían en la batalla. Yo comprendía lo que pasaba por sus mentes.

(en el viaje de encuentro espiritual) Cuando empezó la música me conecté inmediatamente con el agua que me llenaba, era agua cristalina que llenaba mi cuerpo y cada célula. Cuando la música cambió, vi surgir del primer bambú otro más grande que recibía música del Cosmos y lo llenaba con un agua celestial. Cuando la música terminó, me convertí en paloma y salí volando incluso sentí que mis brazos eran las alas y volé a través de la música y era la paloma llena de la energía; estaba completa.

Las experiencias de este proceso tienen como su principal objetivo alcanzar un nivel más alto de conciencia, el samadhi o unión con lo Divino. Como vimos, una de las meditaciones es un emocionante recorrido por la **conciencia de evolución**, desde los orígenes del Cosmos hasta la aparición del hombre y su posterior desarrollo hacia el encuentro con lo divino. El proceso comienza con la conciencia de la creación de los planetas y estrellas del Universo. Le siguen la conciencia de formación de los minerales, vegetales y animales. Luego llegamos a la conciencia primitiva, de preservación de la vida del hombre de las cavernas. Continuamos con el espíritu de conservación de la especie, en la toma de conciencia ecológica. Desde aquí, entramos a la conciencia multiemocional de los mamíferos. Hasta este momento hemos avanzado por el mundo de las formas. Ahora, saltamos hacia el mundo de la conciencia del vacío de las formas, obteniendo en este punto la apertura de los centros energéticos para ser llenados por la conciencia divina. Al efectuar este recorrido evolutivo de la conciencia, permitimos desbloquear los siete centros espirituales (chakras). El proceso en esencia es curativo y puede que se manifiesten sensaciones de energía y emociones que pueden llegar al éxtasis.

Para experimentar un viaje evolutivo, más que un proceso intelectual se requiere de un mayor aprendizaje vivencial. Los ejercicios de viajes en el tiempo (regresión) permiten acceder a los niveles profundos de la memoria celular, descubriendo recuerdos que tuvieron lugar antes de nacer.

Con herramientas de meditación y relajación se puede vivir una experiencia consciente de vidas pasadas o futuras, "de vidas anteriores a las humanas, incluso hasta los inicios de la evolución, vidas de animales, dinosaurios, plantas, vidas moleculares primitivas sobre la tierra, minerales, formación de la tierra y de la luna, moléculas, átomos, formación del sol, electrones, protones, formación de galaxias, partículas cuánticas, e incluso del Big Bang mismo". Respecto de las vidas futuras, una proyección transpersonal de la evolución nos pone en contacto con la totalidad del universo de la conciencia, de la unidad cósmica.

Según David Lewis-Williams, los chamanes del paleolítico entraban en estados de trance dentro de las cavernas con ayuda de la oscuridad de la cueva y los sonidos rítmicos, produciéndoles un estado alterado que los hacía pasar por tres estadios: en primer lugar, el chamán ve formas geométricas, como puntos, zig-zags, espirales, curvas, retículas, imágenes brillantes conocidas como imágenes entópticas producidas por la estructura neurológica del cerebro. En segundo lugar, estas imágenes se transforman en objetos dependiendo de la intención (cultura e intereses) del chamán. Por último, se atraviesa un túnel, círculos girando (vórtices) para llegar a una transformación humano-animal (theriántropos). A continuación el chamán fija (pinta) las imágenes en la roca, que es la membrana que divide el mundo real con el mundo espiritual.

(II) EN UN ENCUENTRO CON UN CHAMAN

Uno de los aspectos más relevantes en el conocimiento de los alcances de la conciencia es ponerse en contacto con la realidad que vive un chamán. Además de todas las realidades no ordinarias reseñadas anteriormente, también en un **encuentro con un chamán**, podemos enfrentarnos a una experiencia personal, trascendiendo toda explicación de la ciencia oficial respecto de la causa y efecto, del espacio y tiempo, de la comunicación telepática, de la relación interpersonal, de la curación mental a distancia, de los fenómenos de sincronicidad, de los efectos del pensamiento en el organismo, etc.

Las implicancias de aprehender este conocimiento, son enormes tanto en la medicina, educación y cultura tradicional, pues significa que la realidad consensual hasta ahora existente no es tan real como parece, ya que en verdad, nunca hemos estado separados y que ello sólo es una ilusión de los sentidos de la que debemos despertar para llegar a ser realmente libres.

Así, podemos sin saberlo, iniciarnos en una aventura de conocimientos y experiencias que harían tambalear la realidad cotidiana, y acceder a otra realidad no ordinaria que nos hacen pensar en las enseñanzas de Don Juan de Castaneda.

Recuerdo el relato de los viajes de un chamán. Sus experiencias iban desde "viajar" hacia otro lugar muy hermoso, de mucha paz y tranquilidad, encuentros con duendes, comunicación con su padre fallecido, transformarse en una paloma o perro, ayudar a los demás en sus problemas, durante la noche no dormir y sentarse en la tierra por unas horas, y sentir respirar a la Tierra. Dentro de este tipo de experiencias, recuerdo las vivencias durante un curso de iniciación chamánica efectuado en un retiro de fin de semana en un lugar de la costa, en una cabaña especialmente habilitada para estas experiencias.

El proceso contempló una serie de "viajes" en estados no ordinarios de conciencia producidos con el sonido rítmico del tambor y otros instrumentos sonoros. Estos instrumentos eran tocados por la guía del taller y por los propios "viajeros astrales". El sistema de "viajes" consistía en permanecer con los ojos cerrados y con un objetivo durante todo el período que duraba el sonido del tambor.

En el primer viaje, permanecí tendido y me sentí muy relajado; vi en ese estado como recorría por los lugares alrededor de la cabaña. Levemente vi bailar indios al ritmo del tambor. También me dieron ganas de dormir.

En el segundo viaje, vi una especie de remolino. Comencé visualizando la fogata de la chimenea; después traté de salir hacia fuera del recinto. Casi al final, vi un riachuelo de la cordillera donde fluía el agua.

El tercer viaje, me provocó mucha pesadez y relajación. En algún momento el sonido era como que recorría todo mi cuerpo. Casi perdía en momentos la atención.

En el cuarto viaje, visualicé un caballo y después me vi sobre él. También vi cosas llenas de color azul brillante y luminoso. Estaba muy relajado.

El quinto viaje consistía en elegir el lugar de partida. Vi el lugar de partida (mi casa) y después en mi caballo me veía galopar por un camino muy largo en el campo. Fugazmente al final vi dos o tres personas sentadas (la parte de los hombros y cabeza mirando hacia algún lugar). La última visión fue una parte de un rostro y un ojo observándome.

El sexto viaje consistía en bajar hacia el mundo inferior. En mi caballo estuve corriendo, pero fuera de una especie de túnel frente a una muralla. En cierto momento entraba a ese túnel de donde caía agua desde el techo. Vi también al final no tan nítido, un rostro de niño o bebé.

El séptimo viaje era subir al mundo superior. La mayor parte solo escuchaba el sonido del tambor. Sentí apretada la garganta. En un momento vi a un hombre tocando maracas por estos alrededores. Se me hizo difícil ver a mi caballo en las alturas.

El octavo viaje era adivinar la respuesta a una pregunta. Me hice la pregunta ¿estoy siguiendo un buen camino? Y, ¿cómo mejorarlo? Al término del ejercicio vi objetos dorados y cosas de oro. Eran como figuras de los aztecas.

En el noveno viaje, me introduje en el caballo y comencé a ver como caminaba, agachando la cabeza en una especie de vaivén. Caminaba sin correr. Al terminar sentí dolor en la columna dado el movimiento de subir y bajar la cabeza como ocurre al caminar un caballo.

En el décimo viaje, se intentaba adivinar las preguntas de un ayudante. Se buscaba una piedra y dándole orientación cardinal, se visualizaban imágenes dentro de ella y preguntas con su ubicación geográfica respectivamente. Intercambiando las preguntas con el ayudante se efectuaba el viaje preguntando a las figuras la respuesta a las preguntas del ayudante.

En el onceavo viaje, se buscaba al maestro. Comencé del lugar de partida y me encontré con el animal (caballo). Le hice la pregunta de buscar al maestro. En un momento apareció la cabeza de un hombre desconocido y después desapareció. Quedé muy relajado.

En el doceavo viaje, vi solo a un niño que miraba y tenía unos cuatro años. Estaba en la vereda. Después pensé que la cara que había visto en el viaje anterior era probable que fuera la del niño, pues tenía muy poco cabello como un niño. Se me olvidó hacerle una pregunta.

También hubo varios ejercicios, como adivinar un problema de una persona y ver la solución en alguna visión; encontrar y emitir un sonido que permita mantenerse en contacto con los guardianes de poder y con los diferentes mundos (superior, medio e inferior) al emitir dichos sonidos o cantos; al término devolvimos la piedra a su lugar de origen; hicimos ofrenda, agradeciendo la ayuda de las energías y pidiendo una limpieza de algún lugar del planeta.

(III) EN UN ENCUENTRO CON FORMAS MINERALES

Esta experiencia puede ser el comienzo para profundizar la meditación y que facilite el acceder a otras dimensiones de la conciencia. El objeto que sirve en la meditación comienza a transformar la conciencia del participante.

Se describen las siguientes meditaciones de este tipo.

Luego, acariciando la piedra se transformó en una caverna obscura con estalactitas.

Pensé que la piedra era roja, sabiendo que son de color ploma o gris. Me molestó el ruido de una sirena. Creo que falta tiempo para empezar la meditación, ya que percibí un dolor de cabeza y eso debido a que venía recién llegando y preocupado por no llegar a tiempo.

En esta experiencia de la piedra como objeto, me pareció que estaba tocando algo muy suave, como terciopelo y su forma me hizo imaginar que era una cunita o algo cálido. También una forma de triángulo. Al verla la encontré pálida y llena de hoyuelos. Me sentía muy relajada y complacida ya que tuve imágenes de la luna.

La piedra se sentía áspera, helada, suave, calor; ruidos de micros, de perros; tensión en las manos; mar, ruido interno, boca, saliva; recordé lectura de un libro.

La piedra elegida fue una porosa de color café; mi concentración fue al tacto, primero con las yemas de los dedos y después con las manos; lo más impresionante fue los poros que contenía la piedra ya que me daba cuenta de la gran cantidad en su contenido con el tacto pero que al mirar con los ojos, los poros desaparecían; mi tacto podía sentir mucho más cantidad de poros en tan pequeña piedra.

Alguna dificultad para concentrarme en la piedra. Se observaron todos sus detalles al tacto sin mayores experiencias.

Me atrajo su color, su forma irregular, suave, por su porte la elegí, la toqué, la amasé, la palpé, la apreté hasta casi producirme dolor. Mis movimientos algo nerviosos hasta lograr sentirla. Creo que me trasmitió fuerza, seguridad.

Mi meditación implicó un conocimiento o reconocimiento de una piedra negra, tanto visual como de su peso; extrapolé su imagen en mi mano a la de un pequeño bebé que descansaba plácidamente.

Piedra al tacto rugosa, áspera, tibia al contacto con mi mano; buen tamaño; sentí que en sus surcos el viento y el agua habían hecho su trabajo. Pensé de pronto que se asemejaba a mi piel.

Me costó bastante concentrarme; después empecé a jugar con ella (la piedra) y a sentir sus diferentes relieves; me empezaron a pesar los brazos y la piedra me molestaba; la dejé entre ambas manos y me quedé tranquila esperando que terminara el ejercicio.

Realmente fue algo muy agradable; fue de menos a más, al principio no se veía la desigualdad del objeto y así entre más recorría el objeto, le iba encontrando más diferencias, pero a la vez la iba sintiendo completamente lisa.

No tuve mucha concentración y afinidad con la piedra pero sí me sentí tranquila.

Al jugar con la piedra tuve dos sensaciones. Salí de la habitación y visualicé una calle, un poste, un auto negro. Retrocedí hacia una esquina y quedé frente a una muralla blanca. Luego aparecí en una habitación viendo a otra persona pero en paralelo con el juego de la piedra y cambiando su forma.

Nunca me imaginé la piedra, solo al apretarla sentía vibraciones que subían desde los dedos hacia la cabeza y que cambiando de manos y empezar a hacer menos fuerza igual se mantenían las vibraciones, como si estuviera lleno de energía; era muy agradable, que jugaba con la energía; solo quería ir con la energía hacia arriba, era rico y en un momento pasó un vehículo y sentí que había pasado muy cerca que me moví con el viento.

Sentí al tacto una sensación de tamaño, color que se mezclaba entre el negro y el blanco. En algún momento me fui sintiendo somnolienta y muy relajada y las imágenes que atravesaban por mi mente, que eran muchas y variadas, fueron esfumándose hasta conseguir sentir una especie de sueño.

Me embargaron sentimientos de pena y llanto; me sentí muy cansada; el tacto con la piedra era agradable, la sentía mucho más al contacto con los dedos que con la palma de la mano. El color imaginado fue el mismo de la piedra; traté de cambiarlo pero volvía al mismo que era. Se me calentaron las manos y se calentó también la piedra; me hubiese gustado dormirme durante la meditación; me sentía muy cansada.

Me sentí adormecida y/o relajada, pero me costó tener visualizaciones de cualquier tipo, es decir, no visualicé ninguna imagen. Pensé que la piedra era ploma (gris) con partes blancas, pero era negra con partes color café. En todo caso, después de salir de la relajación, me siento más tranquila y serena comparado cuando recién llegué hoy a clases.

La piedra me la imaginé de color azul al comienzo luego se puso roja oscura, pero siempre había un haz de luz al centro que brillaba; cosas que imaginé al tacto, en brazos de guaguas, caminos que se desenrollaban como alfombras y terminaban a los pies de una figura, campos con flores amarillas, cavernas, remolinos.

Cuando recibí mi piedra la encontré grande y pesada. Al cerrar los ojos comienzo a descubrirla, primero en sus formas y luego en su textura, descubriendo sus hendiduras. Descubro que tiene una forma semejante a un triángulo, pero con volumen. La imagino de color negro muy lustroso y con una veta blanca. A medida que la sigo descubriendo, la piedra ya no está fría y me parece mucho más liviana que al principio. Al abrir los ojos, puedo comprobar que la forma que imaginé es la correcta, no así el color ya que es en tonos verdes.

Imaginé la piedra del mismo color que la que realmente tiene, luego me vino a la mente unos dragones pero no terribles, sino como de caricatura; en algún momento sentí que se podía moldear como plasticina, pero no resultó; finalmente lo encontré como un sapito petrificado que estaba encogido.

Siento la piedra en mi mano, trato de analizar su forma, tiene dos caras planas, un borde medio redondeado rugoso, dos bordes más lineales, uno más suave y otro un poco rugoso. Es suave, debe ser piedra de río, suavizada por el agua, no es una piedra áspera de lugares secos y terrosos. Recuerdo la frase del evangelio, "Pedro, tú eres piedra, y sobre esta piedra edificaré mi iglesia". Siento la piedra sobre mi mano y la otra mano encima siente la textura de mi piel.

Al tomar la piedra sentí al momento como algo blando, una masa blanda que la podía moldear, suave. Después me imaginé que estaba tocando la "guatita" de un perrito. Muy suave y frágil. Me vi después caminando por un sitio y llevaba la piedra, pero en esos momentos la sentía como algo agradable en mi mano que me acompañaba. El color casi resultó el que yo creí. Muy agradable lo que sentí.

(IV) EN UN ENCUENTRO CON FORMAS ANIMALES

La identificación con aves, peces y animales es una experiencia muy enriquecedora por la desaparición de los límites de la trascendencia de la conciencia. La identificación con un animal nos hace ver y sentir la importancia de la cercanía de nuestra conciencia con la de otras especies. Esta experiencia, es similar al tercer estadio del trance del chamán, la identificación con un humano-animal o theriántropo.

Las siguientes experiencias describen estas actitudes.

Veía con los ojos el nivel de la superficie del agua y me di cuenta que el caimán que flotaba en el agua era yo.

Me encontraba en la selva con mucho temor. De pronto se me fue el miedo. Me había convertido en tigre.

Venía volando como un pájaro en el mar. Divisé unas ballenas y me convertí en ellas.

Primero me convertí en caballo. Después empecé a volar como un pegaso hacia el sol.

Sufrí una transformación; de águila me convertí en delfín y después en mariposa.

Me veía caminando y comienzan a caer estacas del cielo. Como esto me daba miedo, observo un pequeño chanchito de tierra y me convierto en él. Me siento pequeño, con una caparazón y me cuesta moverme. De pronto escucho un gemido de alguien y me convierto en un tigre en la selva para ir en su ayuda.

A medida que continuó la meditación tuve una visión de una chinita (insecto) que posteriormente se acercó a una jirafa. Las manchas de la chinita se integraron en las manchas de la jirafa. Esta fue a beber agua y con burbujas saliendo de su cuerpo se transformó en caballito de mar.

Como águila me vi volando desde un cerro y abajo veía bosques y ríos totalmente desconocidos. Después me desconcentré y me preocupé de los ruidos externos y de cosas que me pasaron durante el día, por lo que perdí totalmente mi relajación.

Me encarné en mi perrita "marilyn"; partí desde la plaza de mi villa; primero me vi como era ella, muy linda, blanca con manchas negras y solamente tenía ganas de jugar, correr y observar; me dirigí al sur, directo a Llanquihue a un lago muy hermoso y mi mayor diversión fue correr.

Salí de mi casa, de mi dormitorio con una vaca hacia el campo, pero veía el mar; la playa. Caminando me encontré junto a mi marido e hijos como somos hoy en día; vi nubes blancas, pasto verde y luego el mar, un atardecer. Luego un río, y nuevamente mi familia conmigo, en tranquilidad; los lugares eran todos conocidos.

Me vi en un prado verde amplísimo; vi un árbol frondoso en el medio y yo dirigiéndome hacia allí mientras un perro blanco jugando, saltando en mi alrededor; visión clara, pero breve.

Me sentí como un caballo que revolotea por colinas; luego el espacio se me hizo estrecho y me convertí en un ave con enormes alas abiertas, volando suavemente alrededor de un campo; iba y venía.

Fue una imagen monótona. Un caballo (supuestamente yo) corría por el campo en el ocaso y no paraba de hacerlo; lo que más me emocionaba era sentir la brisa y tener la sensación de algo inalcanzable.

Visualicé una mancha en la piel o en la tierra con forma ovoide que se fue cambiando de color café y algunas partes brillantes, en algún momento casi me sentí caballo, imagen que perdí rápidamente.

Me visualicé como un perro y recorrí varios lugares, partiendo de mi casa, salí de Santiago por la carretera 5, llegué a la playa, la recorrí, me encontré con una vaca, seguí recorriendo varias partes que no recuerdo con exactitud por unos cambios de la música me desconcentraban, pero estoy consciente de que recorrí varias partes. La vaca estaba en el campo. Al primer cambio de la música, me estaba quedando dormida y de ahí me desperté un poco.

En el animal que pensé fue un caballo negro y brillante y el inicio del recorrido de este caballo fue de un lugar verde con una gran montaña verde atrás; empezó a galopar en forma lenta y poco a poco tomaba velocidad y empezaba a recorrer un camino largo, rodeada de una gran cadena de montañas, con bastante vegetación, en la cual tenía caídas de agua.

Me visualicé con un elefante muy grande, lindo y dulce; antes de la música, salí montada en él desde mi casa y sobrevolamos calles de la ciudad y traspasamos la cordillera hacia otros países; quería volar con él hasta el África y caminar por la selva, pero al escuchar la música sentía estar en un lugar distinto a la selva, pero muy lleno de vegetación, con todo verde y pájaros cantando y una cascada de agua y sólo quería quedarme allá.

Primero todo negro, luego una imagen de perro pequeño jugando en el pasto; después veo un ave que observa una carretera con verdes campos (Sur de Chile) a los costados de ella; luego se va la imagen y empiezo a sentir calor hasta transpirar.

En realidad empecé siendo un caballo que salía desde la partida del club hípico y corría por un camino que a mí desde chico andaba (casa de abuelo) pero de pronto me veía dando vueltas por el cielo dando círculos igual como un cometa, pero en cosas de segundos vi que iba hacia un paisaje verde, cosa que era nueva pero en ese momento trataba de averiguar ¿Cuál era ese lugar? Y reaccionaba; hubo varios lapsos de lugares que no conocía pero al tratar de buscar o saber qué lugar era, me desconcentraba, pero era agradable la sensación de viajar volando siendo un caballo que volaba y aterrizaba. Fui a la cordillera y veía al caballo que se deslizaba hacia abajo y me dio frío.

En lugar de concentrarme en un solo animal, mi visión eran tres, una garza, un cisne, un felino; se mezclaban entre ellos. Luego de una larga pausa me vi envuelta en círculos de niebla o nubes que se me acercaban logrando con esto quedarme definitivamente con la garza volando a través del océano en un atardecer lleno de colorido. Volví al lugar de partida. Paz.

Me vi como un perrito coker spanish, que salía desde la plaza que está a una cuadra de mi casa y desde ese momento yo me fundí con el perrito y corrí feliz, sin cansarme, recorriendo caminos, cerros, pastos, mar, calles, incluso el Parque del Recuerdo donde está mi papá (en ese momento sentí mucha pena). Luego de recorrer millones de Km. Siempre corriendo y feliz, volví a mi casa muy contenta de estar nuevamente ahí. Terminé relajada, cansada y contenta.

Vi un tigre; no partí de ningún lugar sino que inmediatamente me vi en un lugar con pasto alto, había viento, pero agradable; siempre permanecí en el lugar sola, jugué, acaricié y luego el tigre se transformó en una manada de ciervos que se disolvían.

Comienzo siendo un ciervo que está en un hermoso prado, rodeado de flores y un riachuelo con aguas cristalinas. En este paisaje me muevo. Más tarde, voy volando sobre un "Dumbo" y viajo a hermosas playas de aguas quietas y de hermoso color que bañan arenas blancas y suaves. Más tarde, vuelvo a ser ciervo y sigo en el hermoso prado.

Vi un pájaro que volaba por campos y selvas amazónicas, todo verde, lleno de vegetación y ríos, luego me convertí en un caballo salvaje que corría y estaba con una manada por lugares más conocido como campo de la zona central; finalmente me convertí en pez que bajaba por una cascada, que luego llegaba al mar y en las profundidades encontraba un naufragio con un barco pirata, con un tesoro.

Primero sentí al lado mío, como parte mía un perro. Salí de mi casa, corriendo sin saber cómo ya estaba en un sitio en el cual había mucha vegetación y agua; caminamos por la orilla del río y de pronto me sentí volando, era un ave y miraba mientras volaba muchos bellos paisajes, bosques entre cerros y agua (ríos). De pronto sentí la música como que venía del mar y me vi con otras aves juntas en la orilla del mar. Luego emprendí el vuelo nuevamente por sobre aquellos árboles de un verde maravilloso y sobre un agua muy cristalina.

Partí de Punta de Tralca, siendo una tonina. Era parte de la tonina; di vueltas en la bahía y pasó un barco negro. Me uní al barco y salté un rato a su lado. Pero me aburrí de esa monotonía y partí hacia Tahiti a ver los peces de colores. Ahora andaba bajo el mar, a ras de la arena. Estaba muy iluminado y era arena blanca; veía escenas con sirenas coloridas que pasaban entre ramas del suelo del agua. No volví sino hasta que se terminó la música.

(V) EN UN ENCUENTRO CON EL AISLAMIENTO

En muchas culturas aborígenes se efectúan procesos de aislamiento del individuo de la comunidad ya sea en una cueva, desierto, selva o un viaje a otro lugar, que le permita así enfrentarse solo a lo desconocido y esto le signifique un cambio de conciencia.

Las experiencias de esta índole son las siguientes:

En esta última sensación fue muy grande el viajar con ese sonido de avión, que de pronto tenía que agarrarme de algún fierro del avión; sentía como mi cuerpo subía y bajaba con sensaciones de que en algún momento nos íbamos a estrellar con el follaje de la selva. También sentí cuando empezaron los ruidos de la selva con una gran paz interior, como yo formando parte de ahí; no tuve nunca miedo, solo mucha paz; mi cuerpo fue al final muy pesado y me costó mucho reanimarlo; sentí en mi mano derecha un hormigueo muy intenso, que solo al moverla lentamente pudo recobrar su movilidad; También algo de frío; una sensación de olor a tierra seca, muy marcado e intenso, casi molesto.

Viajé en un tren rápido. Atravesaba bosques y ríos. Los sentía por la diferencia de ruidos y luego la selva muy tupida, oscura, húmeda, sobrecogedora. No sentí miedo, pero sí frío, soledad, tranquilidad. No vislumbré ningún animal grande, sólo pajaritos, silencio, correr del agua. Para mí los otros pasajeros no existían. Quizás me había autoaislado.

Sólo vi colores al principio, color azul oscuro; todo es anochecer, siento mucho miedo por los ruidos de la selva; lloro por los demás y por mí. Siento que no tengo esperanza, pero no me abandono; empiezo a ver colores violetas intensos, casi morados; veo de vez en cuando cabezas humanas llenas de luz (como si fueran santos), a medida que pasa el tiempo van cambiando los colores; siento ruidos de tambor que pueden ser de algún pueblo aborigen que nos pueden ayudar; veo todo amarillo anaranjado; veo imágenes a color de árboles altos, enormes como si fueran araucarias a lo lejos; Me duele enormemente el juanete; siento que mis brazos son de otra persona que los tiene sobre mi pecho.

No tenía una relación de la historia que se contaba con el lugar que yo estaba. En la selva estaba en un lugar muy tranquilo que era muy verde con agua cristalina; yo estaba en otra; también estaba tan relajada que tendía a quedarme dormida; tal vez, por una mala posición me dolía mucho la base de la columna.

Fue algo sin importancia la historia que estaba escuchando, debido a que la primera relajación me dejó muy bien.

Sentí el ruido de un tren, no logré subirme al avión y viajar, pero sí sentí el agua con un riachuelo y además lluvia muy fuerte.

Recuerdo que salía de un edificio hacia el aeropuerto; se repetía la misma imagen a medida que cambia la música. Luego el avión destruido en una verde llanura. Luego todo negro, pero si escuchando parte de la música, no toda la melodía; al volver mis manos estaban dormidas.

Bueno, en realidad viajé en mi helicóptero, pasé por muchas partes pero cuando sentía el agua caer, me daba mucho frío; veía hasta la sombra de los pájaros, pero estaba muy relajado.

La música, una vez más me transportó. En un comienzo, al escuchar la historia, se me fue produciendo una somnolencia que terminó por dormirme durante mucho rato. Luego me vi entre un grupo de hermosas mujeres, muy bien proporcionadas, en un escenario extremadamente hermoso y luminoso, bailando al compás de esta música maravillosa. Los velos con que se acompañaban, eran de color rosado y calipso. Luego, el movimiento pasó de ser el baile del escenario a la del agua. Movimiento lento y muy armonioso. Fue una relajación inolvidable.

Me sentí extraña, fueron sensaciones no muy claras, al comienzo me sentí agradable, después ya no tanto, estaba muy consciente de la historia, muy en el aquí y ahora, luego no logré irme de la realidad, creo que hasta me dormí, terminé con dolor de cabeza y mucho frío.

Sentí un ruido como de helicóptero, y sentí como ruido del universo, como ataque de galaxias. Luego, con los ruidos del agua, pájaros, etc., sentí la idea de estar ahí mismo, sin preocupaciones de ningún tipo, ni siquiera de tiempo. (A veces se me cruzaban ideas de lo que fue mi vida de trabajo hoy: muy movida y complicada). Luego ya de vuelta, con el mismo ruido de helicóptero, me sentí feliz de volver. Fue muy placentera la sensación de cero preocupación.

Lo más impactante fue sentir a mi espalda el ruido de lluvia fuerte, la sensación de frío y también sentir una bruma rosada que se integraba a las cosas.

Me resultó grato el viaje. Sentí que viajaba en tren por sobre un gran puente; abajo corría un gran río; después nos internábamos por el bosque. Viajé a distintos lugares con la música que escuchaba. Vi colores verdes de los bosques, mucha naturaleza. Dorado fuerte cuando llegué al Oriente. No me pude meter en el relato del accidente; yo viajé mucho, solamente de espectadora.

Sentí el ruido de un tren, sentí que viajaba en él, por paisajes del sur de Chile. Luego, realmente me vi en la jungla con la vegetación y animales, todo muy agradable, de variados colores, no había problemas de alimentación ya que había gran variedad de frutas; luego caminando encontré una tribu de indios amazónicos, muy amigables, que vivían sin ningún problema; luego de estar un tiempo con ellos, trataba de buscar otras cosas como una salida; luego no sentí nada.

No me pude meter en el cuento, me sentía tendida con la presión de mis manos en mi abdomen. Escuchaba la historia y me imaginaba el paisaje; me agradaba el ruido del agua y los cantos de los pájaros. De pronto con la música me imaginé que yo era una esfera y la música estaba dentro de mí. En el viaje de vuelta en un vehículo (avión o helicóptero), sentí frío.

Partí a Pudahuel en un tren, que no era el Metro, y eso me descolocó, porque no era lógico. Una vez en el avión, no podía relajarme con la "suave música", porque la música, aunque bonita, era demasiado fuerte. Tenía ganas de bajar el volumen. Cuando el avión se fue al suelo, yo estaba muy bien, veía los árboles, el agua, pero nunca me senté o hice algo. Siempre estuve de pie hasta que nos salvaron. Cuando volví a ese tren, me molestó mucho.

(VI) EN UN ENCUENTRO DE VIAJE TEMPORAL

El viaje a otros tiempos y lugares es una experiencia extraordinaria. Aprendemos de las costumbres, vestuario, ambientes y formas de comportamientos desconocidos por nosotros. Esta vivencia provoca cambios que trascienden explicaciones racionales.

Debido a que estas experiencias han tenido una amplia difusión específicamente en terapias de regresión hipnótica, daremos una breve descripción de estas experiencias en talleres de meditación y que son las siguientes.

Estaba en una cueva en la época de las cavernas. Mi ropa era solo una piel de animal. Sostenía un palo en mis manos frente a una gran fogata que iluminaba la cueva. Mi pelo estaba muy desordenado.

Me encontraba en una batalla de la época medieval y morían los soldados a mi alrededor. Era un jinete parecido a un hombre.

Estuve primero en un castillo y bajaba escaleras para saludar a los súbditos. Después me trasladé a la época de Cristo y lo seguía para escuchar sus prédicas.

Visualicé las mismas imágenes de las épocas históricas que los otros participantes tenían.

Comencé estando en Egipto y de pronto estaba en la época de Cristo y vi a Jesucristo en la cruz. Viví el calvario y lloré y sufrí este momento.

Estuve en Grecia, en la época de Platón. También anduve en mi infancia.

Luego vi en una mesa un mapa con una corona de rey encima y esta comenzó a deformarse hasta convertirse en una nave vikinga que iba a la guerra. Me vi como un hombre con vestimenta de esa época hasta que finalizó la meditación.

(VII) EN UN ENCUENTRO DE SONIDOS ARQUETÍPICOS

La experiencia en sonidos arquetípicos permite abrir la puerta de acceso a otras dimensiones de la conciencia. Cada sonido, tiene un patrón de visiones y sensaciones que alteran la percepción y ubican a la persona en su centro arquetípico en el cual se encuentra influenciado en ese momento. Así, un sonido puede producir una percepción distinta en las diferentes personas.

Entre las experiencias de este tipo tenemos las siguientes:

Pensé que no podía concentrarme; era como si yo luchara por no hacerlo y al mismo tiempo deseaba tener la facultad de concentrarme sin problemas. Sentí un pequeño dolor de cabeza. Vi cuando salí a la puerta a recibir a nuestro relator; me preocupé de la hora y seguía pensando que no podía concentrarme. Al oír la música, me imaginé ser un monje gordo como Buda y semidesnudo cantando.

La primera música muy clara y profunda, aunque las voces eran un poco toscas; me imaginé a los monjes muy gordos y con problemas, como que sufrían; todo giró en torno a la ambientación, un escenario totalmente con pilares dorados y doncellas japonesas bailando.

La segunda música me relajó al extremo de sentirme muy liviana, como flotando y bailar alrededor de la luna en mitad del círculo; era muy joven y tenía un vestido como túnica rosado y veía que me miraban mis hijos.

Sonido gracioso; temerario, frío; tensión en las piernas; agradable; oscuridad y penumbra; tranquilidad; balanceo; péndulo.

Campanillas desagradables; tensión en las piernas; sentí el cuerpo tieso; luz y oscuridad; sombras; los brazos y manos pude sentirlos agradables, calor y livianos; el tronco se suelta; deseo de continuar con la primera meditación.

El sonido me produjo una gran relajación, con un sueño profundo; sentía de repente como ganas de agarrarme de algo que yo no veía; gran peso en todo mi cuerpo; después con las campanitas, al escucharlas las sentía como unas pequeñas luces brillantes; una experiencia muy rica en sensación de sonidos con imágenes de mucha amplitud.

Mantra de música y campanas me indujo más el estado de meditación.

Mantra de cantos de monjes me alteró algo y no logré mayor concentración y meditación.

En primera instancia me choqueó; lo encontré algo violento, repetitivo, pesado. Poco a poco me fui acostumbrando a ese ronroneo hasta casi quedarme dormida. El canto estaba ahí.

Después cambió la melodía, entonces comencé a visualizar los animales, el campo, el pasto y seguí con ello por un rato. Las campanitas me traían a la realidad cuando trataba de evadirme.

La primera melodía me dio una sensación de pánico, como si quisiera escapar de mí misma. La segunda melodía me equilibró un poco más.

Sentí que en varias oportunidades se movía el piso; logré quedarme traspuesta dos o tres veces y en algún momento perder consciencia; sólo al sonido de un ruido externo recordé en lo que estaba, pero rápidamente volví a estar concentrada, desdibujándose el ruido externo.

La música del Tíbet no me gustó, no me cuadraba con la imagen que veía primero, donde yo estaba en un campo inmenso donde había un monasterio; no me cuadraba la música que escuchaba con el lugar; encontraba la música tipo satánica. De repente pasaba a otras imágenes, estaba en el campo, después en la oficina, después quería regresar al monasterio, luego aparecía en mi casa y así pasaba de un lugar a otro.

También fue algo agradable; con respecto a la música no me gustó pero después empecé a sentir la armonía de la música, pero lo que más me gustó fue que al principio la posición de las manos era un todo, pero pasado un momento lo único que me unía eran los dos dedos pulgares.

No logré concentrarme. Esta melodía me produjo rechazo. En un pequeño lapso de concentración vi una imagen de un templo lleno de monjes cantando esta música y me sentí flotar sentada en la misma silla incluso con ella más alto que el resto de la gente presente y en el mismo lugar.

Serie de imágenes como frente a un televisor. Luego de un golpe me sacó.

En realidad no me gustó la música del Tíbet y le encontré la armonía a los segundos y fui tomando tranquilidad; sensaciones que en vez de ser circulares eran como verticales pero volvía a mí en los dedos pulgares ya que en momentos era como que los dedos estaban separados y me daba cuenta que estaban juntos. En la música japonesa fue muy agradable.

Una tremenda sensación de desagrado al escuchar la música por ser tan repetitiva, monótona, lamentosa, densa. Se me pasó en forma fija la idea de monjes sin rostro en un ambiente oscuro, medieval.

Esta música me produjo más relajación, los colores en blanco, amarillo, con una idea de estar presenciando un funeral japonés. Mucho frío.

Maravillosa con la música del Tíbet; fue un sentir profundo, una sensación de elevación, y me elevaba y elevaba; tal parecía que daba vueltas hacia atrás y volvía a darme vuelta; no habría salido de este estado maravilloso. Pero llegó la música del Japón y ya no fue lo mismo; volví a sentir mi cuerpo terrenal y no volví a sentir lo mismo. Me quedo con la música del Tíbet.

Con la primera música del Tíbet sentí una sensación de oscuridad, de personas (y yo misma) arrastrando cadenas, por un camino árido y pedregoso; era como si se estuviera pagando culpas; me sentía con el cuerpo muy pesado.

Con la segunda música (del Japón), sentí que se alargaba mucho, y me cansaba que no terminara nunca. Sentí una sensación de mayor bienestar en comparación con la del Tíbet, incluso si tuviera que describirla como color, sería amarillo fuerte y luminoso, pero no cálido.

Colores oscuros, colores tierras, campesinos trabajando, círculos girando; mi cuerpo está absolutamente pesado, relajado, casi disuelto.

Colores claros, luces, círculos girando, niños en sillas giratorias, sensación de cuerpo disuelto.

No fue de mi agrado; me produce una sensación de angustia, de encierro. Visualizo algo así como una mina subterránea donde todo es oscuro y los hombres que allí están se encuentran sucios y agobiados; no sonríen. Se me hizo muy larga la meditación.

Tampoco me gustó mucho, pero sin duda es mejor que la anterior. Me focalizo en algo así como en una feria árabe, donde predominan los colores blancos y arena. Hay un desierto. Me comienza a molestar la posición de mis pies, espalda y manos. Estoy a punto de abandonar el ejercicio; se me hace muy largo, pero decido continuar hasta el final.

No me gustó la sensación, estaba todo oscuro, como en una cueva, era poco agradable, la encontré muy larga ya que me sentía incómoda.

Cambió completamente el colorido, tonos celestes, turquesas y verde; me sentí como en una selva del oriente, con mucho verde y agua; sentí los monjes que en gran grupo estaban en un templo al aire libre, orando y haciendo sonar estas campanitas.

No pude relajarme ni concentrarme; me desagradó, trataba de entender las dos palabras que se repetían con distintas secuencias y reconocer la secuencia con que se repetían. De repente me distraía y me encontraba pensando en cosas que me interesan o preocupan.

Es más agradable. Imposible pensar en otra cosa. Sólo se siente la música y la campanilla; al principio imagino colores y predomina el color turquesa con pintas pequeñas de rojo y amarillo; luego una planicie más bien seca, color terracota con pocos árboles. Siento mi cuerpo liviano y etéreo. En ningún momento dejo de sentir que estoy aquí y que la música viene de la radio. Siento que ha pasado demasiado tiempo y quiero terminar.

Movimientos de agua con mucha fuerza en algunos momentos, pero siempre con mucho movimiento.

Hombres llamando al espíritu de la tierra con mucho amor y paciencia, pidiéndole a la tierra que germine las semillas; voces de ancianos palmeando con sus pies amorosamente la tierra. Luego la semilla es puesta y cubierta amorosamente; germina la semilla. Yo soy semilla, despierta con la música con alegría del que se despierta con un buen propósito y surgen brotando con colores brillantes.

Aire muy suave, etéreo y fluye con todo, se van incorporando otros sonidos.

Fuego, crepitando.

(VIII) EN UN ENCUENTRO DE VISION INTERIOR

La "Visión Interior", no es más que una forma sencilla de hacer consciente el inconsciente, y consiste básicamente en que relajadamente, sin llegar a quedarse dormido, debemos con los ojos cerrados, concentrarnos en la respiración y en el cuerpo e intentar "ver" lo que ocurra al interior de nosotros mismos, sin ningún tipo de deseos y búsquedas, ni prejuicios y análisis de los acontecimientos. Después de un cierto período de tiempo, podemos comenzar a experimentar ilusiones visuales, como imágenes del inconsciente que no están relacionados con la memoria normal, sino que se parecen más a las imágenes nítidas de sueños.

Entre las experiencias de este tipo tenemos las siguientes:

Estaba a punto de lograr una relajación profunda, me detenía y volvía nuevamente a relajarme. La música me hizo sentir mucha paz y abandono.

Con mi respiración de exhalar y expulsar, logré que todo mi organismo acompañada de la música

lograra una paz y armonía general.

Concentré mis pensamientos en la respiración, en el estómago; luego, comencé a limpiar mi cuerpo lavando los huesos, los órganos, los pulmones, el estómago; eliminé grasas y suciedad; visualicé zonas blancas.

Una vez que me puse a meditar, me sentía como un tirabuzón en que mis pies se estiraban hacia arriba, como elevarme; vi solo colores, y fueron dos, se repite el color gris; primero fue gris con verde así como nubes pequeñas; después fue gris con naranja; después gris con azul, un segundo después gris con amarillo en todos los tonos; al final fue gris con celeste; demasiado hermoso todo el proceso.

Relajación profunda combinada con períodos de sueño; cuerpo con sensación de flotar; se producen algunas imágenes aisladas; cierta inestabilidad del cuerpo al "flotar"; agradables sensaciones.

Este proceso fue como una toma de conciencia de mi cuerpo, de su dimensión y peso. Me sentía encerrado dentro de él.
Sentí que no era necesario retener ni ideas, ni imágenes; parecía como que algunas sombras cambiaban de tamaño. Me quedé dormida varias veces. No alcanzaba a tener pensamientos completos. Solo en alguna oportunidad creí que me encontraba en una selva amazónica con mucha humedad y vegetación; me bajó la temperatura del cuerpo.

Empecé a dar vueltas en forma muy lenta; era como los gimnastas al dar vueltas hacia adentro.

Muy relajada, agradable, pero con algunas incomodidades; dolor de cuello.

Paz, relajación total. Sentí que la luz disminuía, como si tuviera los ojos abiertos.

Estoy muy bien; estaba en paz, tranquilidad, flotaba, no sentía nada.

Regresión; diferentes etapas de vivencias, buenas y malas. Sensación de paz que me produjo un profundo sueño.

Sentí la sensación de que mi ser se limpiaba y se llenaba de energías, botando todo lo sucio, molesto y pesado que sentía que tenía adentro. Quedé liviana, tranquila. Vi también, o mejor dicho, me sentí arrastrada hacia unos remolinos con mucha luz, preciosos y de colores pasteles. Me sentí en esos momentos llena de paz.

Lo más repetitivo fue enfrentarme a una puerta, entrar a túneles, pero nunca pude abrir la puerta; colores, esqueletos que se disolvían, flores, mujer caminando.

Al comienzo veo una serie de luces que me llevan a la entrada de algo; es como un "nacer"; luego la sensación es como la de ir descubriendo cosas paso a paso. La música provoca una sensación de tranquilidad. Sin embargo, no soy capaz de terminar la meditación porque mis pensamientos van de un lado a otro y despierto antes del tiempo esperado.

Me costó concentrarme; me pareció muy larga; empecé imaginando con la música a gitanos españoles cantando y tocando guitarra; luego vi un paisaje con hindúes y gente.

Siento que mi espíritu, mi yo interior, trasciende mi cuerpo; tiene forma incorpórea e ingrávida, como un fantasma sin sábana. Flota, siente la música, es afectada por los sentimientos; sensible a los sentimientos pero no a las sensaciones físicas y se contacta con los otros espíritus, independiente de sus cuerpos, en otra dimensión distinta a la física.

Me costó evadirme. Al hacerlo me pareció estar frente a una "entrada de luz" grande, sin límites pero muy clara y hermosa. Después viajé por muchos lugares indefinidos.

Sentí una sensación agradable de ingresar a una especie de templo con árabes (sin rostro) vestidos de ropa color tierra. Pero no pasó de ahí. Me iba a situaciones pendientes de la oficina y de lo que me espera en la casa y que tengo que ir al cajero automático para tomar taxi. De repente tuve la sensación que me dormía porque se me soltaba en forma brusca los músculos de brazos y cuello.

Bajé por la columna con mucho movimiento, como por escaleras de huesos huecos, con sonidos (como cuando uno toca un xilófono) bajé como por un tobogán, era cavernoso, alto. Llegué a la vejiga, allí estaba luminoso, era como una bolsa llena de líquido, me fui a los pulmones y luego salí por algún lugar.

(IX) EN UN ENCUENTRO CON LA SINESTESIA

En el capítulo "Mundos Reales" de mi libro El Universo en un Instante de Conciencia, comentaba respecto a que "en raras ocasiones se mezclan mundos distintos" o se intersectan o superponen los diferentes sentidos. Esas raras ocasiones, últimamente, son consideradas normales por los neurólogos y se les conoce con el nombre de sinestesia. Se define, esta como "condición algo peculiar en la cual los sentidos se entrelazan. Por ejemplo, una persona puede ver colores cuando oyen un sonido, o puede probar realmente palabras; estímulo de un sentido, se parece o causa un estímulo inadecuado de otro" y se dice que esta particularidad de ocurrencia de forma espontánea, es una entre 25.000 personas. Otros opinan que se da una entre 2000. Sin embargo, en estados especiales de conciencia puede ser obtenida por la mayor parte de las personas, que incluso se habla que todos tenemos esta capacidad en estado latente pero habitualmente se encuentra dormida y que puede ser despertada con alguna estimulación sensorial.

En resumen, los sinestésicos ven sonidos, otros sienten colores o saborean formas. Según Hubbard, la sinestesia ocurre porque algunas partes del cerebro que perciben los colores están muy próximas a las que procesan el habla, el lenguaje y la música. En los estudios de la sinestesia se han identificado 19 tipos de sinestesias: sonidos (verbales, musicales, generales) que evocan colores, sabores y tacto; números y letras que evocan colores; dolores, sabores y olores que evocan colores; visiones que evocan sabor y contacto; contacto que evocan sabor color y olor; etc. Stanislav Grof describe por ejemplo sensaciones sinestésicas como "el sonido de unas tijeras abriéndose y cerrándose cerca del cráneo confiere la sensación realista de que a uno le están cortando el pelo; el zumbido de un secador de pelo puede producir la sensación del aire caliente en la cabellera; al ruido de una cerilla que se enciende, le puede seguir el olor a azufre quemado; y la voz de una mujer que le susurre al oído, le permite a uno percibir su aliento". También en el mismo grupo de experiencias sinestésicas Grof señala "experiencia de cambios de temperatura, dolor físico, sensaciones táctiles, sentimientos sexuales, percepciones olfativas y gustativas, y diversas cualidades emocionales".

Entre las experiencias en talleres de meditación, que provocaron fenómenos de sinestesia tenemos los siguientes:

Después con las campanitas, al escucharlas las sentía como unas pequeñas luces brillantes;

La piedra me la imaginé de color azul al comienzo luego se puso roja oscura, pero siempre había un haz de luz al centro que brillaba

sentí lo agradable de sus colores, de sus sonidos, su olor;

con la música que escuchaba. Vi colores verdes de los bosques.

Visualicé todas las imágenes que escuchaba, color, forma, hasta olor.

el sonido era como que recorría todo mi cuerpo.

Pude ver claramente las hojas brillantes, escuchar el ruido del río, oler el viento, escuchar los pájaros y toda la naturaleza en todo su esplendor a mí alrededor.

Visualicé las flores (con su olor), la tierra, los pájaros, la brisa, el ruido del agua al correr.

Visualicé todas las imágenes que escuchaba, color, forma, hasta olor.

Visualicé las flores (con su olor), la tierra, los pájaros, la brisa, el ruido del agua al correr.

Sentí al tacto una sensación de tamaño, color que se mezclaba entre el negro y el blanco.

Cosas que imaginé al tacto, en brazos de guaguas, caminos que se desenrollaban como alfombras y terminaban a los pies de una figura, campos con flores amarillas, cavernas, remolinos.

(X) EN UN ENCUENTRO CON LO TRANSPERSONAL

La realidad virtual tradicional, se define como "una tipología de la realidad simulada en que el actor observador-participante a través de instrumental visual, táctil y sonoro, con ayuda de un ordenador, percibe esa realidad e interviene en ella". Ahora bien, la realidad podríamos descomponerla en varios campos: Realidad sensorial, personal biográfica, perinatal, arquetípica y transpersonal cósmica. Si consideramos el mundo de la realidad sensorial y personal como el mundo de la realidad cotidiana, los otros campos de realidad pertenecerían entonces al mundo de la realidad virtual y solo podemos acceder a ellos bajo ciertas condiciones psicológicas. De ahí, podríamos decir que Psicología Transpersonal es el acceso a la realidad virtual mediante cambios psicológicos de comportamiento. Estos cambios pueden producirse con ayuda de la meditación y relajación como lo describen los siguientes ejemplos obtenidos en talleres de meditación.

Salí expulsado por una enorme energía luminosa. Fui proyectado hacia el cosmos, crucé tres soles y visualicé un color azul profundo.

Veía con los ojos el nivel de la superficie del agua y me di cuenta que el caimán que flotaba en el agua era yo.

Estaba en una cueva en la época de las cavernas. Mi ropa era solo una piel de animal. Sostenía un palo en mis manos frente a una gran fogata que iluminaba la cueva. Mi pelo estaba muy desordenado.

Me encontraba en una batalla de la época medieval y morían los soldados a mi alrededor.
Era un jinete parecido a un hombre.

Estuve primero en un castillo y bajaba escaleras para saludar a los súbditos. Después me trasladé a la época de Cristo y lo seguía para escuchar sus prédicas.

Me encontraba en la selva con mucho temor. De pronto se me fue el miedo. Me había convertido en tigre.

Venía volando como un pájaro en el mar. Divisé unas ballenas y me convertí en ellas.

Pregunté al objeto quién era su dueño y me apareció la imagen de él.

Primero me convertí en caballo. Después empecé a volar como un pegaso hacia el sol.

Visualicé las mismas imágenes de las épocas históricas que los otros participantes tenían.

Comencé estando en Egipto y de pronto estaba en la época de Cristo y vi a Jesucristo en la cruz. Viví el calvario y lloré y sufrí este momento.

Estuve en Grecia, en la época de Platón. También anduve en mi infancia.

Sufrí una transformación; de águila me convertí en delfín y después en mariposa.

Vi que el libro que acariciaba en mis manos contenía números y figuras geométricas.

Vi un caballo y otros animales mientras sostenía el libro en mis manos.

Visualicé épocas históricas sosteniendo y tocando el libro.

Con el libro que tocaba, vi funciones del cuerpo humano.

Me veía caminando y comienzan a caer estacas del cielo. Como esto me daba miedo, observo un pequeño chanchito de tierra y me convierto en él. Me siento pequeño, con una caparazón y me cuesta moverme. De pronto escucho un gemido de alguien y me convierto en un tigre en la selva para ir en su ayuda.

Comencé a sentir calor en mi cuerpo, me vi en un desierto. Luego, acariciando la piedra se transformó en una caverna obscura con estalactitas. A medida que continuó la meditación tuve una visión de una chinita (insecto) que posteriormente se acercó a una jirafa. Las manchas de la chinita se integraron en las manchas de la jirafa. Esta fue a beber agua y con burbujas saliendo de su cuerpo se transformó en caballito de mar. Luego vi en una mesa un mapa con una corona de rey encima y esta comenzó a deformarse hasta convertirse en una nave vikinga que iba a la guerra. Me vi como un hombre con vestimenta de esa época hasta que finalizó la meditación.

LA PARAPSICOLOGÍA AL ALCANCE DE SU MANO

La parapsicología contempla fenómenos de clarividencia, telepatía, visión remota, visión dérmica y otros aspectos de la conciencia que pueden estar comprendidos dentro de la psicología transpersonal.

Existen innumerables libros que describen los procedimientos y pasos a seguir para poder acceder al mundo de la parapsicología. Estas breves notas, bastarán para obtener los mejores resultados. Lo único necesario para tener LA PARAPSICOLOGIA AL ALCANCE DE SU MANO, es seguir sus indicaciones y tener la motivación de experimentar una aventura de viajes en meditación.

¿Pueden nuestras creencias alterar o determinar nuestro comportamiento parapsicológico? Así parece ser cuando comprobamos que bajo ciertas circunstancias podemos trascender nuestra identidad y transformarnos psicológicamente en seres del reino animal, vegetal e incluso mineral; que en esas situaciones no ordinarias, también podemos viajar (nuestra conciencia) a otros lugares e incluso trascender el tiempo, comunicarnos sin la participación del lenguaje (hablado, escrito o gestual). Nuestras creencias están determinadas por nuestra cultura y la biología. La cultura nos define lo que podemos hacer o no hacer, lo que es normal pasa a ser lo óptimo que podemos alcanzar. Nuestros sentidos filtran e impiden el acceso de otras realidades. Sin embargo, ahora sabemos, y lo hemos vislumbrado que podemos ir más allá de lo normal, hacia lo transpersonal. Existen formas de alterar el comportamiento, cambiando las estructuras y estados de pensamiento. Reestructurar el pensamiento es un acto de meditación y la meditación es el camino adecuado para producir las condiciones de las estructuras y estados del pensamiento o conciencia.

La realidad transpersonal comprende los fenómenos que están "más allá de lo personal" en donde mediante la utilización de por ejemplo algunas técnicas de alteración de la conciencia, se trasciende la identidad, el espacio y el tiempo. La realidad virtual, es la sensación que se produce al estar inmerso en un ambiente que tiene todas las características de producir sensaciones corporales (visual, táctil, sonora, etc.) que dan la sensación de ser observador-participante de la acción representada en nuestra conciencia. De ahí que, el agregado de "Realidad Virtual Transpersonal" no es más que una forma de decir que en esa realidad se perciben sensaciones en forma virtual.

Creo que la psicología transpersonal no solo es una nueva forma de explicar la realidad trascendente de fenómenos naturales de la manifestación de la conciencia sino que ante todo, es una de las formas científicas en que se puede demostrar necesariamente cómo a través de estados no ordinarios de conciencia producidos en la hipnosis, meditación, relajación, u otro medio, podemos acceder a fenómenos de trascendencia de identidad, de viajes a otros lugares y tiempos remotos, comunicación telepática, clarividencia, visión dérmica, psicometría, desdoblamiento, etc. Por ejemplo, el desdoblamiento o "trascendencia del cuerpo" es una sensación producida a veces en forma espontánea. Pero, es posible experimentar el proceso de trascendencia de identidad, del espacio y del tiempo mediante técnicas de alteración de la conciencia como son la hipnosis, la meditación y relajación. Durante los talleres de meditación y relajación que he efectuado en años anteriores, se ha producido a veces en forma espontánea estos efectos sin haberlos buscado. En algunas técnicas la persona puede experimentar la sensación de una metamorfosis de identidades (aves, animales, peces, vegetales, minerales); en otras técnicas se obtiene la experiencia de trascender el espacio y el tiempo "viajando" a otros lugares y a otras épocas; puede identificarse conscientemente con otra persona y acceder a sus pensamientos, sentimientos, sensaciones físicas o recuerdos. La persona puede experimentarlo como observador o como observador-participante. En este último caso ella "siente ser" la identidad asumida. Se obtiene conocimiento directo de estas experiencias (lugares, vestuario, costumbres, comportamiento).

Todos hemos tenido la experiencia de nacer, pero seguramente pocos son conscientes de este proceso.

Todos tenemos la experiencia de vivir, pero pocos son conscientes de la plena presencia.

Todos podemos identificarnos con otros, pero pocos trascienden verdaderamente su identidad

Todos llegaremos a morir, pero pocos saben de la Experiencia Cercana a la Muerte (ECM).

Muchos conocen resultados de la física cuántica, pero pocos han tenido una experiencia cercana en el nivel quántico.

Todos quizás hemos oído sobre la trascendencia, pero pocos son los que la han experimentado.

La experiencia trascendente, permite revivir el proceso del nacimiento.
La experiencia trascendente, permite estar plenamente presente y trascender el tiempo y el espacio.

La experiencia trascendente, permite identificarse con ave, peces, animales, personas o cosas.

La experiencia trascendente, permite tener una ECM.

La experiencia trascendente, permite acceder a una visión cuántica directa del Universo.

En estados meditativos y de relajación, podemos aprender directamente en tres dimensiones, a color y en movimiento con todas las sensaciones que produce la inmersión virtual identificarnos con el comportamiento de un ave, pez, animal, vegetal o mineral; visiones del mundo del origen de las ideas y de creación de las "formas platónicas"; viajes a otros lugares conocidos o desconocidos de otros tiempos; comunicación sin lenguajes ni gestos, sino en forma telepática en resonancia con los objetos de las personas (psicometría).

Es como tener la parapsicología al alcance de la mano.

Entre las experiencias de este último grupo tenemos las siguientes:

Pregunté al objeto quién era su dueño y me apareció la imagen de él.

Vi que el libro que acariciaba en mis manos contenía números y figuras geométricas.

Vi un caballo y otros animales mientras sostenía el libro en mis manos.

Visualicé épocas históricas sosteniendo y tocando el libro.

Visualicé las mismas imágenes de las épocas históricas que los otros participantes tenían.

Con el libro que tocaba, vi funciones del cuerpo humano.

Mientras acariciaba el anillo, tuve una visión de un camino hacia una casa. Entré a ella y vi sus muebles y en un sillón estaba la persona que resultó ser dueña de la joya.

Todas estas aplicaciones en la educación permiten acceder a un conocimiento directo e intuitivo de la realidad, que están disponibles actualmente y que pueden complementar el conocimiento tradicional ofrecido por los organismos e instituciones educativas.

¿Sabemos de psicología Transpersonal? ¿Hemos experimentado con estados alterados de conciencia? ¿Hemos trascendido la identidad, el espacio y el tiempo?

En realidad creo que cada uno puede descubrir la solución a sus problemas mediante técnicas de acceso a la conciencia transpersonal.

¿Sabían que hoy tenemos los medios y la tecnología que permite, en meditación con música, trascender la identidad hacia aves, peces, animales, vegetales, minerales y humanidad en general, trascender el espacio trasladándonos hacia otros lugares y trascender el tiempo, viajando a otras épocas? Además, podemos acceder al conocimiento directo de la relación de los objetos con las personas (psicometría) y obtener información clarividente y telepática. También, esta tecnología Neurocuántica puede ser aplicada en superaprendizaje virtual y en biorresonancia mórfica para la salud. Ya se viene aplicando en estos campos. ¿Cómo podemos acceder a esto? Existe un programa de meditación y relajación modular que mediante un proceso vivencial se obtienen estos fenómenos.

¿Sabían, que en estados meditativos y de relajación, podemos aprender directamente en tres dimensiones, a color y en movimiento, con todas las sensaciones que produce la inmersión virtual, identificarnos con el comportamiento de un ave, pez, animal, vegetal o mineral; experimentar visiones del mundo del origen de las ideas y de creación de las "formas platónicas"; Viajar a otros lugares conocidos o desconocidos de otros tiempos; Comunicarnos sin lenguajes ni gestos, sino en forma telepática en resonancia con los objetos de las personas (psicometría). Todas estas aplicaciones en la educación permiten acceder a un conocimiento directo e intuitivo de la realidad, que están disponibles actualmente y que pueden complementar el conocimiento tradicional ofrecido por los organismos e instituciones educativas.

¿Sabían que se puede aumentar la eficiencia y productividad del trabajo hasta límites increíbles, mejorando sustancialmente la concentración, elaborando nuevas ideas, estructuras y modelos sólo empleando algunas técnicas de meditación, de visualización y relajación, que permiten extraer información del inconsciente para aprender, comprender y crear nueva información con el mínimo de esfuerzo por parte del individuo. Existen técnicas que van disminuyendo las tensiones y el estrés, aumentando la concentración y visualizando los temas a desarrollar, lo que permite efectuar con pleno éxito las labores individuales y colectivas. La aplicación de estas técnicas en las empresas puede hacer de ellas "empresas líderes de la eficiencia".

SEGUNDA PARTE: PROCESO AUTONÓMICO EN LA EDUCACION Y COMUNICACION

INTRODUCCION

La gama de "experiencias subjetivas" (ES) por las que se ve envuelta la persona que se aventura a un proceso de un programa de meditación es múltiple, y abarca elementos del mundo de la realidad sensorial, como sensaciones de luces y colores, sonidos, olores, percepciones táctiles y una sensación de profunda relajación; elementos del mundo de la realidad personal biográfica; elementos del mundo de la realidad prepersonal (perinatal); elementos del mundo de la realidad arquetípica, representados en los elementos del fuego, tierra, aire, agua y cosmos; elementos del mundo de la realidad transpersonal, como regresiones a otras épocas, visiones de otras personas, identificación con aves, animales o peces, visiones de seres luminosos, sensaciones de flotar, desdoblamientos, visiones de túneles o cuevas, sensaciones de corrientes de energía, percepción de bellezas naturales, extrema paz y tranquilidad, viajes a otros lugares.

Si bien normalmente las experiencias subjetivas están relacionadas con las experiencias intencionales para las cuales se dirige la meditación, sucede que a menudo emergen experiencias subjetivas distintas de nuestro objetivo inicial, pero que sin embargo, guardan una estructura tipológica común. Así por ejemplo, una persona que tiene diferentes experiencias intencionales, puede presentar en cada una de ellas una experiencia subjetiva de estrato similar que estaría reflejando su interioridad subconsciente común.

La aplicación de los programas de meditación en las áreas de educación y comunicación, es una forma en que se puede traducir el modelo del Proceso Autonómico y Complejidad.

EDUCACION SIN FRONTERAS

La educación hasta nuestros días no ha estado orientada a la formación de los individuos desde el punto de vista de la obtención de un bienestar espiritual. Hasta la propia educación se ve como un factor de consumo. Se "compra" indirectamente mediante exámenes y pruebas, un conjunto de paquetes de conocimientos. Así nos hacemos dueños de ellos. Incluso se nos da un certificado de dominio. Se va creando mediante la profesionalización de un poder económico y social. El individuo entonces orienta su educación hacia todas aquellas profesiones que le signifiquen y aseguren preferentemente un bienestar material.

Por ende, los valores no forman parte de este modelo de enseñanza. Se supone que por añadidura, una vez obtenido el bienestar económico se dispondrá de una actitud humanitaria hacia la sociedad. Dado que pocos tendrán la suerte de obtener una vida de bienestar material, la actitud agresiva y de crisis de la sociedad es el resultado de la orientación de este modelo de la realidad.

Es necesario entonces, una EDUCACION DEL HOMBRE en esta nueva fase para orientar su conducta hacia la evolución individual y por ende, colectiva de la humanidad. Una Educación de la persona, que no sólo implique conocimientos, sino que facilite e introduzca al individuo en la esencia de su ser. Una Educación de la persona, que no sólo comprenda el grado de Salud en que se encuentra, sino que signifique su inmersión en la evolución consciente de su curación. Una Educación de la persona, que no sólo favorezca la interacción entre los individuos, sino que de acceso a otras formas de comunicación. Una Educación de la persona, que no sólo se limite para la adquisición de un trabajo, sino de encontrarle un sentido a sus labores. Por último, una Educación de la persona que conduzca su vida por los senderos de la ciencia.

EDUCACION VIRTUAL TRANSPERSONAL

La realidad transpersonal, comprende los fenómenos que están "más allá de lo personal" en donde mediante la utilización de por ejemplo algunas técnicas de alteración de la conciencia, se trasciende la identidad, el espacio y el tiempo. La realidad virtual, es la sensación que se produce de estar inmerso en un ambiente que tiene todas las características de producir sensaciones corporales (visual, táctil, sonora, etc.)que dan la sensación de ser observador-participante de la acción representada en nuestra conciencia.

La Educación Virtual Transpersonal, no solo es una nueva forma de acceder a la realidad trascendente de fenómenos naturales en la manifestación de la conciencia, sino que ante todo, es una de las formas científicas en que se puede demostrar necesariamente cómo a través de estados no ordinarios de conciencia producidos en la hipnosis, meditación, relajación, u otro medio, podemos acceder a fenómenos de trascendencia de identidad, de viajes a otros lugares y tiempos remotos, comunicación telepática, clarividencia, visión dérmica, psicometría, desdoblamiento, etc.

Las aplicaciones de la Educación Virtual Transpersonal, traen enormes ventajas a la Educación tradicional, por ejemplo, para exploraciones virtuales de territorios muy peligrosos, como fondos submarinos, zonas radiactivas, o visitas a lugares inaccesibles del planeta. Otras aplicaciones podrían ser, interactuar virtualmente con los miembros de una manada de gorilas en un hábitat selvático, sin riesgo y sin necesidad de efectuar un viaje a África. En ciertas ocasiones podemos en una transformación de forma, experimentar las sensaciones y emociones que involucra el apareamiento entre individuos de otras especies (aves o animales).

Me fui imaginando que volaba entre las nubes como gaviota, de pronto me acercaba a ras del mar y me dio miedo porque no sabía nadar. Esta sensación de vértigo me llevó hacia la tierra y de pronto me encontré entre una manada de gorilas en la selva. En cierto momento me encontraba efectuando el acto sexual con un integrante del grupo de monos. Fue una expresión de ternura y emociones de gran significado cuando salí de la meditación. Me dio la impresión de que los animales tienen sentimientos profundos entre sus congéneres.

En una clase de historia, el estudiante podrá viajar a las épocas y en forma virtual conocer las culturas con sus costumbres, arquitectura, armas, vestuario, rituales religiosos y estructura social; En una clase de geología, podrá conocer la historia de los minerales; En una clase de botánica podrá, virtualmente tener experiencias con las plantas de tal modo, que lo lleven a un conocimiento directo acerca de los procesos botánicos como la fotosíntesis, el brote de las semillas, el crecimiento, la polinización o el intercambio de agua y minerales que tiene lugar entre la raíz y la tierra circundante; En una clase de biología, podrá experimentar virtualmente una identificación con algún animal, obteniendo introvisiones sobre su sicología, dinámica instintiva, ciclos reproductivos o danzas de cortejo de la especie en cuestión. En una clase de matemáticas, podrá experimentar el mundo de las formas geométricas, matemáticas y de las ideas; En una clase sobre la evolución de las especies, podrá experimentar la infinita matriz de las formas de vida, como de las células vivientes, de todas las especies vegetales, animales e incluso minerales como las estrellas y planetas.

En resumen, podrá acelerar los procesos de aprendizaje, por ejemplo en idiomas y deportes. En idiomas, experimentará virtualmente un viaje al país donde hablará el idioma que desea aprender, y se "encontrará allí" para darle forma a la comprensión y memoria del idioma en este caso o de cualquier otro tema, y será mucho más que un viaje imaginario para acelerar el aprendizaje y una vez que inicie el estudio normal del idioma será como un recuerdo de algo previamente aprendido. Como señala Stanislav Grof, "las personas que experimentan otras vidas hablan en idiomas que no conocen en su vida corriente". En deportes, ejercitará de forma virtual todos los movimientos y operaciones de los deportes que desea practicar y perfeccionar, tal como lo señala Thomas B. Roberts,

"Impresiona pensar en la amplitud que así se abre para la educación física. Una amplitud que nos lleva más allá del poder muscular, de los deportes competitivos y de los aspectos higiénicos de la sanidad, para aprender realmente a manejar nuestro cuerpo con minucioso detalle".

La educación transpersonal, será con el tiempo un complemento importante en el aprendizaje de la educación tradicional, la que experimentará una reforma de la enseñanza al contemplar un conocimiento adquirido con el uso del cerebro global de la persona, y no solamente con la predominancia del hemisferio izquierdo del cerebro. Además con estas formas de aprender, se transforma y complementa la educación con un entretenimiento que favorece el aprendizaje. Incluso, iremos más lejos aún, el aprendizaje trascenderá los límites de la propia conciencia, abarcando la conciencia del resto de los alumnos. Entonces, veremos que lo que aprenda cada alumno se compartirá entre ellos en una forma de acceso transpersonal. Así por ejemplo, un participante de un grupo de un taller de meditación describía su "viaje" por épocas históricas compartido por sus compañeros de viaje, "Visualicé las mismas imágenes de las épocas históricas que los otros participantes tenían".

Así nos aproximamos al pensamiento de Morris Berman sobre la visión de Bateson del Aprendizaje III,

El "despertar al éxtasis", o el sentido de fusión con una "vasta ecología". Si bien, Bateson no aboga explícitamente por la meditación, el yoga, la alquimia, que permitan la percepción real de la fusión sujeto/objeto, del mundo como algo completamente vivo y sensual, todas estas prácticas, ya sean las técnicas de meditación, la respiración prolongada, los cánticos, sirven para reducir el "input" sensorial externo, de modo que la conciencia de ego comienza a considerarse a ella misma como su propio objeto de escrutinio. El individuo pierde su sentido de realidad, lo que puede derivar en temor por la disolución del ego. De ahí, el papel del guía, que acompaña al novicio a traspasar la brecha entre lo consciente e inconsciente con la sensación de estar inundado o transportado por un océano de realización deifica. Esta percepción es vivenciada como una inmensa claridad, un súbito despertar a lo que se siente que es completamente real. Si el proceso tiene éxito, el discípulo que llega al Aprendizaje III seguirá experimentando una brecha entre consciente e inconsciente, pero ahora sin temor o éxtasis. La última percepción después de esta experiencia, es la sensación de surgir por primera vez de la oscuridad, de saber ahora se está verdaderamente consciente y de cuán errada y limitada era la "conciencia" previa.

Con el tiempo llegaríamos a la formación de una escuela de la sabiduría de aprendizaje holístico, entretenido y dinámico. Como se dijo, la educación ya no estaría limitada al aprendizaje sólo mediante el hemisferio izquierdo de nuestro cerebro, sino que aprenderíamos en forma virtual con todo el cerebro. Por ejemplo, una experiencia del aprendizaje holístico en esta escuela podría funcionar de la siguiente manera. El profesor guía, al terminar la clase del día anterior entregaría un tema a tratarse el día siguiente, "mañana veremos el comportamiento de los animales, por lo tanto, cada uno de ustedes piense y elija un ave, pez o animal que desee mañana tener una reunión virtual con él, y vea en su casa algunas revistas o libros asociado con esos temas, toque y acaricie algunas figuras que representen esos animales. Si puede, traiga mañana a clases esas figuras y revistas". Llegado el día y la hora de clases, el profesor dividirá su clase de hora y media en dos partes. La primera hora hará clases en la forma tradicional, describiendo y explicando el comportamiento de los animales. La media hora restante, durante quince minutos ayudará a los alumnos a entrar en relajación y meditación para acceder en estados alterados de conciencia a tener un encuentro virtual, en este caso, con las especies de animales seleccionadas por cada estudiante. Los quince minutos restantes, los alumnos describirán su experiencia, si es necesario. Así por ejemplo, las experiencias de los alumnos podrían ser de la naturaleza siguiente:

Me sentí como un caballo que revolotea por colinas; luego el espacio se me hizo estrecho y me convertí en un ave con enormes alas abiertas, volando suavemente alrededor de un campo; iba y venía.

En el animal que pensé fue un caballo negro y brillante y el inicio del recorrido de este caballo fue de un lugar verde con una gran montaña verde atrás; empezó a galopar en forma lenta y poco a poco tomaba velocidad y empezaba a recorrer un camino largo, rodeada de una gran cadena de montañas, con bastante vegetación, en la cual tenía caídas de agua.

En lugar de concentrarme en un solo animal, mi visión eran tres, una garza, un cisne, un felino; se mezclaban entre ellos. Luego de una larga pausa me vi envuelta en círculos de niebla o nubes que se me acercaban logrando con esto quedarme definitivamente con la garza volando a través del océano en un atardecer lleno de colorido. Volví al lugar de partida.

Vi un pájaro que volaba por campos y selvas amazónicas, todo verde, lleno de vegetación y ríos, luego me convertí en un caballo salvaje que corría y estaba con una manada por lugares más conocido como campo de la zona central; finalmente me convertí en pez que bajaba por una cascada, que luego llegaba al mar y en las profundidades encontraba un naufragio con un barco pirata, con un tesoro.

Los temas a seleccionar para el acceso virtual, quedan libres al espíritu creador del profesor guía, y pueden ser aplicados en todo tipo de materias, como historia, biología, matemáticas, física, química, educación física, etc.

Todo este procedimiento de aprendizaje directo de acceso a la realidad virtual, actúa como un proceso de psicomanteo, donde se prepara al estudiante en el tema desde, el o los días anteriores, y que al llegar a clases ya se encuentra en un estado de pre-acceso a la realidad virtual en los temas a desarrollar. Complementada la enseñanza normal con las experiencias señaladas, se facilita el aprendizaje pues, al final de la experiencia virtual, ésta se experimenta como un recuerdo de algo ya sabido, por lo tanto, el aprendizaje es más rápido y más permanente.

La escuela de la sabiduría, además de ir más allá del aprendizaje tradicional, sería una forma de aprender a aprender, de darle motivación y dinamismo a la enseñanza tradicional y llegar así, a una educación que contemple conjuntamente el conocimiento con la sabiduría que le da experimentar un proceso entretenido de aprendizaje, tanto para el alumno como para el docente. Hay que entender, que no se intenta reemplazar la educación tradicional por otra, sino que se complementa con estrategias holísticas de aprendizaje. Es un cambio de paradigma en el aprendizaje aplicado a la educación.

Ya es hora, que los centros educativos y de por sí los educadores, comiencen a incorporar estos cambios de las nuevas formas de aprender, si no quedarán relegados en el paradigma anterior, lo que hará más difícil el cambio cuando sea necesario e imperioso hacerlo. Será para ellos un capital de aprendizaje obtenido con anticipación. Aquellas instituciones y educadores con visión de los próximos cambios de paradigma en la educación, debieran ya iniciar un proceso de aprendizaje y entrenamiento en estas prácticas, para tener avanzado y recorrido el camino cuando se produzca el momento del cambio integral de la educación. Una educación para la persona entera, como propone Claudio Naranjo, "Creo que dentro de este movimiento general cabría reclutar un número suficiente de educadores psicoespirituales, y las instituciones educativas harían bien en darles entrada desde este momento en su seno, aunque sólo fuera con carácter experimental y complementario".

Siete Saberes en un Solo Saber

De acuerdo a los planteamientos de Edgard Morín, la verdadera educación del futuro debiera contemplar "siete saberes" que el individuo debe adquirir en su desarrollo y enseñanza. Sin embargo, considerando que de acuerdo al principio hologramático de los sistemas complejos, "el todo está contenido en sus partes y cada parte contiene al todo", entonces, así como debe existir varios saberes que contengan a un saber universal, entonces un solo saber debiera contener todos los saberes. Creo, que vivir la experiencia autonómica (en el sentido de "Unidad" o experiencia de trascendencia) integra todos los saberes propuestos por Morín. Durante el desarrollo de la experiencia el individuo va tomando conciencia de los diversos "saberes" sin que vaya persiguiendo esos objetivos, por añadidura, siente que está aprendiéndolos.

A continuación describiremos los "siete saberes" propuestos por Morín y la forma como se integran en "un solo saber" en el desarrollo de una experiencia del proceso autonómico, en especial en la experiencia del Ciclo Evolutivo en un programa de meditación denominado "Programa de Educación Sin Fronteras" que forma parte de los "Espacios de la Mente". El proceso vivencial contempla cuatro módulos o niveles: Meditación, Aprendizaje, Relajación e Integración. Para llevar a cabo estos "Espacios de la Mente" se adecua un lugar que pudiese permitir realizar el proceso de desarrollo del programa.

El primer saber contempla "el conocimiento del conocimiento", es decir, el estudio de los procesos y estructuras cerebrales, mentales y culturales del conocimiento.

"Conocer la conciencia permitiría conocer el proceso (funcionamiento) de la toma de conciencia. A su vez, conocer el proceso de la conciencia nos llevaría a comprender qué es la conciencia. Esto nos permitiría construir realidades alternativas. Desde el punto de vista constructivista la realidad se construye en el proceso de la conciencia. Entonces, modelar el proceso de la conciencia ordinaria permite reproducir la construcción de la realidad".

El segundo saber, debe contener un conocimiento de lo global, de sus partes y del contexto del conjunto y relaciones entre las partes.

"por último, experimentar el Proceso del Ciclo Evolutivo".

*"este proceso logra poner al alcance del participante de la experiencia de evolución de la conciencia desde los orígenes del Universo hasta sus ancestros y llevarlo posteriormente, a sentir su desarrollo y evolución hacia la espiritualidad. Las experiencias de este proceso tienen como su principal objetivo un emocionante recorrido por la **conciencia de evolución**, desde los orígenes del Cosmos hasta la aparición del hombre y su posterior desarrollo hacia el encuentro con lo divino. El proceso comienza con la conciencia de la creación de los planetas y estrellas del Universo. Le siguen la conciencia de formación de los minerales, vegetales y animales. Luego llegamos a la conciencia primitiva, de preservación de la vida del hombre de las cavernas. Continuamos con el espíritu de conservación de la especie, en la toma de conciencia ecológica. Desde aquí, entramos a la conciencia multiemocional de los mamíferos. Hasta este momento hemos avanzado por el mundo de las formas. Ahora, saltamos hacia el mundo de la conciencia del vacío de las formas, obteniendo en este punto la apertura de los centros energéticos para ser llenados por la conciencia divina. El proceso en esencia es curativo y puede que se manifiesten sensaciones de energía y emociones que pueden llegar al éxtasis".*

El tercer saber, conocer la identidad propia y común a los demás en toda su diversidad.

"Para experimentar un viaje evolutivo, más que un proceso intelectual se requiere de un mayor aprendizaje vivencial. Con herramientas de meditación y relajación se puede vivir una experiencia consciente de vidas pasadas o futuras, "de vidas anteriores a las humanas, incluso hasta los inicios de la evolución, vidas de animales, dinosaurios, plantas, vidas moleculares primitivas sobre la tierra, minerales, formación de la tierra y de la luna, moléculas, átomos, formación del sol, electrones, protones, formación de galaxias, partículas cuánticas, e incluso del Big Bang mismo". Respecto de las vidas futuras, una proyección transpersonal de la evolución nos pone en contacto con la totalidad del universo de la conciencia, de la unidad cósmica".

El cuarto saber, comprender la identidad propia con la naturaleza y el destino común entre ellas.

"en estados especiales de conciencia ampliada, se percibe "que lo sabemos todo" y que estamos unidos a la totalidad del cosmos. Así por ejemplo, podemos identificarnos con el reino animal, vegetal, la Tierra o el cosmos en su conjunto. También podemos viajar en el tiempo hacia nuestros orígenes o incluso hasta la formación de la Tierra en experiencias del ciclo evolutivo".

El quinto saber, persigue conocer las formas de enfrentar y afrontar las diversas incertidumbres a que se vea expuesto.

"Se asemeja a la experiencia del genio, que ha estado por mucho tiempo pensando una idea y de pronto le llega de golpe la solución esperada".

"reforzar la intencionalidad del proceso".

"sentir el cuerpo la intención".

El sexto saber, trata de la comprensión como medio y fin de la comunicación y aceptación de los demás.

"Compartir la alegría, el temor, la pena y privaciones de un grupo.

Sentir como propias las emociones de un grupo.

Identificación con la conciencia de otros.

Despertar el sentido ecológico y de humanidad".

El séptimo saber, es atingente a la ética como individuo, sociedad y especie.

"se inicia el proceso con una toma de conciencia del instinto de preservación de la vida y de la conservación de la especie".

"El proceso comienza tomando conciencia de nuestra naturaleza ancestral de los orígenes de nuestros antepasados primitivos, cuya vida transcurría en un permanente estado de supervivencia diaria enfrentada a los rigores de la época de las cavernas. Se continúa con el proceso de experimentar el instinto de conservación de la especie, a través de sentir por los demás una identificación plena con la conciencia grupal de la especie humana".

EN LAS FRONTERAS DE LA COMUNICACION SILENCIOSA

El desarrollo de la conciencia lleva a establecer otras formas no ordinarias de comunicación que trascienden las fronteras de la comunicación normal. Durante nuestra vida paulatinamente se nos privó de la participación de esta otra comunicación silenciosa. Nuestra enseñanza fue orientada hacia una realidad material, lógica, permanente, objetiva, defensiva, programada, sensorial, no dual y de externalidad de Dios.

Se nos enseña que la realidad está definida sólo por la lógica, debiendo evitar la intuición o soñar despiertos. Veremos que la intuición es prudentemente una forma confiable y complementaria a la lógica.

Se nos enseña que sólo somos algo estáticos y permanentes. Veremos que somos los roles de lo que hacemos.

Se nos enseña que sólo lo objetivo es verdadero, evitando en lo posible lo subjetivo. Veremos que lo subjetivo puede abrirnos las puertas a otra realidad trascendente.

Se nos enseña que debemos adoptar una actitud invulnerable y defensiva. Veremos que existen formas de protección propias de la naturaleza humana.

Se nos enseña que debemos hacer las cosas en forma programada. Veremos que existen tiempos y lugares adecuados para realizar eficientemente las actividades.

Se nos enseña que sólo existe la verdad sensorial. Veremos que podemos acceder a otra percepción extrasensorial.

Se nos enseña que no existen dualidades de la conciencia. Veremos que en ocasiones podemos tener dos o más formas de percibir el mundo de la realidad.

Se nos enseña la externalidad de que Dios está fuera de nosotros. Veremos en experiencia propia, que Dios está siempre dentro de nosotros mismos.

Complejidad y Comunicación

En el capítulo "El Ultimo libro de Cinco Páginas" de mi libro EL UNIVERSO EN UN INSTANTE DE CONCIENCIA, se señala que *"Un encuentro más es, el darse cuenta de que uno mismo se realiza y transforma, sólo si existe el encuentro con los demás, en una relación de carácter yo-tu; de involucrarse con el otro; de estar, ser y vivir en una comunidad auténtica; de percibir el mundo como una red inmensa de relaciones permanentes de seres humanos que buscan el logro de darse sinceramente lo máximo que puedan para los demás sin esperar recibir recompensa alguna por esa acción. Cuando se reúnen dos o más personas formando un grupo orientado hacia objetivos comunes, tradicionalmente se organizan estableciendo una estructura programática de acciones, cuya dirección queda en manos de un sistema jerárquico, rígidamente establecido que guíe las tareas y pasos a seguir en esta actividad. Por otra parte, en las comunidades tradicionales, se dan ciertas actitudes de sumisión conjuntamente a obstáculos externos que impiden, inhiben o limitan el crecimiento del individuo como persona.*

Quien no haya experimentado los beneficios de una comunidad (la mayor parte del mundo), no sabe o no reconoce cual o cuales son las ventajas de vivir este proceso. Desconoce, por ejemplo, la forma creativa en que funciona una verdadera comunidad. Tampoco percibe el sentimiento que embarga a quienes participan de esta experiencia: tranquilidad y alegría de pertenecer a este grupo especial que funciona también de manera especial. Es con ellos con quien nos gustaría pasar la vida en este planeta. Aun siendo una comunidad una agrupación de individuos, no hay distinción ni predilección entre ellos, el amor se comparte por igual, se escucha a cada uno de ellos estimulándolos a que se expresen y activen su participación personal, haciendo que todos se sientan líderes. Tampoco se establecen reglas, estructuras ni tiempos que limiten la expresión creativa de los participantes, como un Centro de Conciencia. El Centro, no tiene organización, ni dirigentes y sin embargo, se organiza y dirige "libremente" al emerger las capacidades internas del individuo. El Centro no fija objetivos específicos y sin embargo, sigue un camino predeterminado por la propia conciencia".

La Psicología establece la identificación de estados de conciencia específicos, en donde cada uno de ellos, es un mundo distinto con su propio lenguaje que incide en la percepción, pensamiento y comportamiento del individuo, lo que contribuye a definir distintas realidades. Si bien la cultura y educación juegan un papel importante en el establecimiento de un determinado nivel de conciencia, es factible experimentar otras formas de conciencia distintas a las que hemos estado habituados. Dado que existen diversos modos de fragmentación de la conciencia, aquí nos limitaremos al modelo Holístico. Se han demarcado 5 niveles de conciencia específicos: objeto, sujeto, comunidad, transpersonal y cósmico. Si bien, el individuo vive como unidad, está permanentemente en interacción con otros individuos. Aquí se integra la Sociología en la participación de los factores relacionales entre individuos. Es así, que los niveles de conciencia específicos se definen por la relación de los actores del proceso de cambio: Maestro, Intención, Objeto y Sujeto. Según sea el tipo de relación que se dé entre estos elementos, será el nivel de conciencia del individuo (sujeto). Así por ejemplo, en la educación tradicional, existe una frontera entre el Maestro y el sujeto, asumiendo este último el carácter de objeto. Si la frontera es con el objeto, el Maestro y sujeto asumen el carácter de sujeto, pues no hay fronteras entre ellos mismos. Si no existen fronteras entre los actores del cambio, se forma una comunidad. Si desaparece el Maestro, se trasciende la relación sujeto-objeto mediante el observador-participante del cambio. Si existe una desidentificación cósmica de sí mismo, sólo se observa serenamente el cambio. Es importante el papel que juegan los factores relacionales y los actores del proceso de cambio en los diversos campos y actividades del ser humano (Salud, Educación, Trabajo, etc.). El factor relacional juega un rol importante en el desarrollo del proceso de la meditación guiada con música desarrollado en este libro. El sujeto experimenta un cambio de los vínculos entre los actores del proceso de la meditación. Primero, al iniciarse la meditación, existe una marcada frontera entre el maestro (guía), la intención (objetivo de la meditación), el objeto de fijación de atención (música) y el sujeto (participante). El maestro comienza verbalmente a describir la intenciónalidad de la meditación, sintiéndose el sujeto separado de él. A continuación, al iniciarse la grabación, desaparece el maestro quedando solo sus instrucciones de la intencionalidad de la meditación. Luego al comenzar la música (objeto de concentración) el sujeto comienza paulatinamente a "olvidar" o dejar de pensar, primero en el maestro, después en la intención y por último en la música, quedando en una situación relajada de observador-participante, en que se funde el objeto con el sujeto, lográndose así la intencionalidad buscada.

"Si dos o más se unen en mi nombre, ahí estaré en medio de ellos". Esta sentencia bíblica nos dice que la comunión de personas reunidas de cierta forma, produce un cambio de nivel de conciencia. Es decir, la formación de una estructura de la mente humana tiene el potencial de transformación. Si consideramos que se une un grupo de personas como un sistema abierto, conformando con sus mentes una estructura disipativa (es decir, "una sola mente"), cada una de ellas configura un nodo, sujeto a bifurcaciones o fluctuaciones por la estimulación externa de ellas con la capacidad de encontrar cada mente individual, múltiples soluciones frente a una intencionalidad común para todas ellas. Todos los participantes tienen una meta (intencionalidad) común, pero cada participante tiene su propia imagen del objetivo-meta y en forma no lineal deriva hacia diversas soluciones al azar, aunque todos reciben la misma estimulación externa que mantiene lejos del equilibrio a la estructura disipativa en funcionamiento, cada mente elabora, de acuerdo a su particularidad, su propia solución o respuesta.

En el desarrollo del proceso de las experiencias en meditación cuántica realizadas en los talleres, se dan frecuentemente vivencias de comunicación silenciosa, que trascienden las formas tradicionales de intercambio de información entre las personas. Así, una persona en estado alterado de conciencia percibió que alguien pasaba sobre su cuerpo cuando el guía visualizó mentalmente esa acción. En otra ocasión, algo que ocurre a menudo, un participante de un grupo de meditación visualizó las mismas imágenes de los otros participantes. La comunicación silenciosa obtenida en la técnica de psicometría efectuada en los talleres, es otra forma de adquirir información respecto de la historia de un objeto. También, en la técnica de visión dérmica, obtenemos información por el tacto aplicado a la percepción de un texto.

Cuando empezó el tambor, pedí que le diera un mensaje a alguien que estaba aquí que necesitara de mi amor y acogida. Pensé que a ella los tambores no le gustaban; estuve enviándole calma y mis cariños; y en eso estuve muchísimo rato, cuando después quise recibir el mensaje o buenas vibras de otros, solo vi que los tambores eran mis barrotes de cárcel, ellos no dejaban entrar ningún mensaje, ni ninguna energía, tanto que me sentí angustiada por algún momento, pensé que podría cambiar y que se abriría algún camino pero todo era café y muy terroso; y se cambió era muy molesto, me dio lata que no cambiara y abrí los ojos antes de tiempo, no quise seguir.

La comunicación silenciosa, se ha descubierto en experimentos de diálogos entre personas que producen en el nivel microscópico, ciertos movimientos sincronizados en forma inconsciente que permanecen acoplados con las palabras emitidas y escuchadas. De ahí que la comunicación silenciosa, sería "una danza en la que todos los involucrados realizan movimientos complicados y compartidos a lo largo de numerosas dimensiones sutiles" (William S. Condon). En general la sincronización se mantiene con el interés o atención adecuada, y si por alguna razón se desvía esta, una pausa de silencio permite volver y reanudar la sincronización anteriormente perdida. Ahora bien, la sincronicidad que se obtiene en el diálogo, puede obtenerse también en la emisión de un sonido rítmico. Entonces, al escuchar un sonido el oyente estaría simultánea y sincronizadamente generando micro-movimientos, de igual frecuencia a la del sonido emitido y que supuestamente al acercarse las fases de ambos ritmos producirían un holograma de interferencias de frecuencias que permitirían el acceso a la realidad transpersonal a la cual fijemos nuestra atención e intención previa. Los estados alterados de conciencia conseguidos por los chamanes, a través del sonido rítmico de un tambor o la música siguen este patrón de comportamiento. El chamán fija una intención de su "viaje", limita o reduce su percepción en un aislamiento sensorial y visualizando un objeto, que le sirve de acompañante en el viaje, comienza el proceso de trance al escuchar el sonido rítmico del tambor.

La comunicación silenciosa obtenida en la meditación quántica, tiene o puede tener gran importancia en el equilibrio de la salud en general. Un ejercicio de conciencia en sintonía transpersonal, permite obtener o enviar información en forma psíquica a una persona, grupo de personas, a un órgano del cuerpo, a un tejido o una célula. Así, por ejemplo, al igual que una persona se libera o reduce los problemas estableciendo una relación de comunicación con otras personas; a otro nivel, la mente tiene un efecto psicosomático sobre nuestro cuerpo; por último, a un nivel celular, en condiciones normales también el organismo establece una comunicación de las células con sus vecinas, de tal modo que ellas permanentemente regulan su posición relativa de crecimiento, comparando sus características y dimensiones de sí misma con su entorno y con el resto del organismo. Es decir, las células tienen conciencia de sí mismas y de las demás, en el campo de la conciencia celular.

Las aplicaciones de la educación sexual en forma virtual transpersonal, pueden favorecer la comunicación silenciosa en las relaciones de pareja de las personas y puede ser la base de una experiencia transpersonal de "unidad dual". Por ejemplo, una persona hipertímida puede mejorar la comunicación al entrar en un estado virtual transpersonal y experimentar un encuentro sexual con su pareja deseada e identificarse con ella plenamente, de tal modo que "perdemos nuestro sentido de identidad y nos convertimos en esa otra persona. Mientras ello ocurre, podemos sentirnos unidos a la fuente creativa de la que provenimos y de la cual cada uno de nosotros forma parte". En estas experiencias a pesar de sentirnos unidos a otra persona, mantenemos nuestra sensación de identidad. Por otra parte, conocida es la relación de la energía sexual con el despertar de la energía cósmica kundalini y, "es la base de una práctica yogui llamada Tantra, donde la unión sexual ritual es utilizada para inducir experiencias espirituales. El sexo tiene una dimensión transpersonal importante: Una unión sexual que se da en el contexto de un lazo emocional poderoso puede convertirse en una profunda experiencia mística: todas las fronteras individuales parecen disolverse y la pareja se siente reconectada con su origen divino". Algunos participantes de los talleres de meditación describían estas experiencias.

Viví, una relación erótica y sexual con mi pareja como nunca la había experimentado. Sentí enormes sensaciones de energía erótica que recorría mi cuerpo y mi mente. Me retorcía de placer erótico. Me cuesta expresar todas estas sensaciones, pero fue tremendamente grato y me produjo mucha felicidad.

Sentía vibraciones que subían desde los dedos hacia la cabeza y que cambiando de manos y empezar a hacer menos fuerza igual se mantenían las vibraciones, como si estuviera lleno de energía; era muy agradable, que jugaba con la energía; solo quería ir con la energía hacia arriba, era rico.

Salí expulsado por una enorme energía luminosa. Fui proyectado hacia el cosmos, crucé tres soles y visualicé un color azul profundo.

Se sabe, que situaciones de estados emocionales de aislamiento, desesperación, sentimientos permanentes de desamparo, abandono y temores generan estrés, y producen cambios en el sistema inmunológico y de la estructura arquetípica de la conciencia, que origina efectos perjudiciales al organismo y que alteran o pueden alterar la comunicación silenciosa entre las células provocando efectos en las formas de crecimiento de las células. Restablecer la comunicación silenciosa entre las células, puede ser el camino para eliminar o reducir la mal formación genética producida. Las células en condiciones normales se comunican silenciosamente entre ellas, sin distinguir la separación objeto-sujeto o de mente-cuerpo, de tal modo, que funcionan de una forma de conciencia de tipo observador-participante, que las mantiene en permanente contacto con la información de su entorno. Cuando el organismo se ve enfrentado a situaciones de estrés, se rompe este sistema de comunicación silenciosa e información y se aíslan algunas células, las que pierden el contacto (conciencia) de las células contiguas y comienzan a crecer en forma autónoma produciendo alteraciones de crecimiento en discordancia con el resto del organismo.

Las técnicas de relajación, meditación cuántica y visualización producen cambios positivos que reducen el estrés y ayudan a restablecer la comunicación silenciosa e información (conciencia) intercelular, recobrándose así el equilibrio homoestático perdido. Se han obtenido remisiones y curaciones del cáncer utilizando este tipo de técnicas, entre las que se destaca las empleadas por el doctor Simonton y las técnicas de Curación quántica de Deepak Chopra.

La conciencia celular, sería entonces una forma de acelerar el proceso al complementar y regular el equilibrio psicosomático de la salud, obtenida tradicionalmente con los procedimientos aplicados en el ejercicio de la asistencia sanitaria. De esta forma, se nos responsabiliza en la mantención de nuestra enfermedad o regularización de la salud.

Uno de los grandes alcances de la meditación cuántica y de la comunicación silenciosa es la Experiencia del Ciclo Evolutivo (EXCE) o también llamada Experiencia Cercana de la Evolución, que permite experimentar el proceso evolutivo de la conciencia y el cerebro, al establecer comunicación silenciosa con los orígenes del Cosmos y la creación de las estrellas y planetas; la conciencia de formación de los minerales, vegetales y animales; la vivencia de nuestros ancestrales cavernícolas; el avance hacia la conciencia comunitaria moderna; las sensaciones y emociones de nuestros días; la expansión y trascendencia de la conciencia y la experiencia espiritual.

La mayoría de la gente no comprende que pueda existir otra realidad en esta realidad. Gracias a una mayor comprensión de la nueva física cuántica, podemos afirmar que ambas realidades son complementarias. Recordemos la teoría de la luz onda-partícula. La luz para ciertos efectos se comporta como onda y para otras como partícula y ambas coexisten. La conciencia, podríamos asimilarla a que en condiciones normales actúa como onda y en estados alterados como partícula. Esto nos lleva al próximo capítulo de los cambios en la ciencia de la complejidad.

TERCERA PARTE: COMPLEJIDAD EN LA REALIDAD VIRTUAL Y PROCESO AUTONOMICO.

La lectura de mi libro EL UNIVERSO EN UN INSTANTE DE CONCIENCIA debiera haber comenzado con este capítulo para comprender mayormente el desarrollo de su temática. Los conceptos vertidos en ese libro y sus significados permanecieron probablemente ocultos para quienes carecen del conocimiento de los sistemas complejos aplicados a los Sistemas Virtuales, Inteligencia Artificial, funcionamiento de la Mente y Proceso Autonómico. Sin embargo, si empezáramos por desplegar los conceptos, ahora se nos haría más fácil comprender su utilización en aquel libro, al efectuar una segunda lectura de él.

Para ahondar conocimientos de los sistemas complejos en la Inteligencia Artificial y en el Funcionamiento de la Mente, existen excelentes libros como LOS HACEDORES DE CEREBROS de David H. Freedman para el primer tema y el libro EL PASADO DE LA MENTE de Michael S. Gazzaniga para el segundo.

Conceptos de la Complejidad en la Realidad Virtual y Proceso Autonómico.

Complejidad y Realidad Virtual

Un sistema tradicional de realidad virtual contiene elementos de visión, casco, imagen sintética en relieve, periféricos de entrada y salida, sonido en tres dimensiones, simulación por ordenador, que permiten en la actualidad a acceder a un mundo artificial e intervenir en él.

La tecnología de realidad virtual comenzó con los simuladores de vuelo que se utilizan en el entrenamiento de los pilotos. La realidad virtual es una especie de simulacro, pero en vez de estar frente a una pantalla que presenta imágenes bidimensionales, el experimentador está inmerso en una representación en tres dimensiones fabricada por ordenador. Puede desplazarse en ese mundo virtual, contemplarlo desde diferentes ángulos, capturar objetos que se encuentran allí y trabajar sobre ellos.

Actualmente, es necesario disponer de un casco electrónico o un par de gafas con obturador para visualizar ese mundo, y colocarse un guante especial o tomar un periférico de entrada de tipo "palanca" para manipular los objetos percibidos. La NASA ha perfeccionado un casco que integra un conjunto de lentes y minúsculas pantallas de video, conectadas a un aparato que sigue la posición de la cabeza y crea así la ilusión de que la pantalla rodea completamente al "viajero". Al girar la cabeza, la realidad presentada se modifica automáticamente. Se puede rodear los objetos creados por el ordenador, levantarlos y examinarlos o, desplazándose y verlos desde otro ángulo. La compleja modelización de un mundo virtual cambiante, con cada movimiento del experimentador, es producida por un programa de simulación alimentado por un poderoso ordenador al cual están conectados también el casco y el guante, los cuales últimamente han sido reemplazados por grandes pantallas o estaciones de trabajo gráfico de alta calidad y por sistemas de comando como los usados en juegos de videos.

La realidad virtual tiene múltiples aplicaciones, como en el entrenamiento de pilotos, exploraciones virtuales a lugares inaccesibles o muy peligrosos, como fondos submarinos, zonas radiactivas o superficies de planetas. Tiene aplicaciones psicoterapéuticas, en cirugía para ensayo de operaciones, en pedagogía, en el entretenimiento, en deportes, en las comunicaciones, eficiencia del trabajo, inteligencia artificial, etc.

Mi presentación del Modelo de Realidad Virtual consiste en un modelo modular y tecnológico que permite acceder a la realidad virtual (realidad perceptiva sin soporte objetivo) y donde mediante un dispositivo y una forma o proceso tecnológico se puede modelar la realidad. El dispositivo utilizado es el cuerpo. El proceso o forma de modelar la realidad contempla la generación de impulsos nerviosos visuales y acústicos que en el proceso circular de la energía nerviosa, provocan una interferencia vibratoria de ondas neurológicas conformando un holograma de interferencias, que despliega en una imagen virtual con participación de todos los canales sensoriales (vista, oído, tacto, olfato y gusto). Si se mantiene la coherencia de los impulsos neurológicos a través de la estimulación acústica, cada imagen virtual que aparece, retroalimenta una nueva percepción y una descripción por el intérprete, transformándose así, en una historia virtual continua.

Complejidad y Proceso Autonómico

Las siguientes citas de los conceptos y principios tratados básicamente en EL UNIVERSO EN UN INSTANTE DE CONCIENCIA representan una particularidad de los sistemas complejos.

Sistemas Abiertos
Los sistemas complejos (o estructuras disipativas) se dan en los sistemas abiertos o vivientes que están lejanos del equilibrio.

"la conciencia puede considerarse como un sistema abierto (por interacción con el medio) y esta es una particularidad de las estructuras disipativas".

Principios
Los sistemas complejos comprenden tres principios: dialógico, recursivo organizativo y hologramático.

Principio Dialógico
El principio dialógico contempla dos conceptos o elementos opuestos que se complementan trabajando conjuntamente.

"funcionamiento coordinado y simultáneo del hemisferio izquierdo y derecho del cerebro".

"recupera o vuelve a unir (re-ligare) la funcionalidad simultánea de ambos hemisferios o espacio visual y acústico".

"cuya característica era combinar simultáneamente, aspectos del hemisferio izquierdo y derecho".

"la conciencia y meditación, como estructuras disipativas con el uso simultáneo del lenguaje verbal y no verbal en el proceso".

Principio de Recursividad
El principio recursividad organizativa, se refiere a que lo que se crea se autoproduce continuamente.

"cada imagen virtual que aparece, retroalimenta una nueva percepción de percepción de imágenes y una descripción de una descripción por el intérprete, transformándose así, en una historia virtual reconstruida".

Principio Hologramático
El principio hologramático, señala que el todo está en las partes y las partes están en el todo.

"Las etapas del proceso autonómico presentado en este libro, desarrolla un modelo de una visión holográfica del cerebro".

"confluyen hacia una integración del proceso de la percepción, desde una visión fotográfica a una percepción holográfica de la existencia".

"existe un cambio o *inversión* desde el enfoque visual al holográfico, pasando de lo secuencial a lo simultáneo en la aplicación del proceso a todas las actividades humanas".

"la forma de percibir la realidad como una imagen holográfica de construcción de la imagen de un "objeto mental interno", cuyo reflejo en la realidad externa se fabrica por el intérprete cerebral que traduce finalmente la recepción como un" objeto externo" a él".

"La simultaneidad de ambos modos de percepción produce el despliegue de un encuentro resonante (visión holográfica) en el límite de intersección de ambas visiones".

"producir un efecto resonante de interferencia de ondas neurológicas. El resultado fenomenológico era tratar de producir una imagen de realidad virtual (holográfica)".

"conservar esa enorme cantidad de información en un pequeño espacio-tiempo solo es posible con los conocimientos actuales estar concentradas en un sistema holográfico, es decir, que en una pequeña porción del cerebro, se distribuya toda la información necesaria del nivel biográfico, perinatal y tanspersonal de conciencia. Las estructuras disipativas como la MD (Meditación Disipativa) operan en el nivel cuántico que facilita la producción del proceso holográfico. El acceso a la memoria holográfica se facilita en cada instante de conciencia con la transformación de la intención en una imagen visualizada, que genera un patrón de búsqueda en la etapa de sincronización de las neuronas cerebrales (con ayuda de la música) generando la estimulación neurológica que produce una corriente energética coherente y sincronizada en que se despliega la percepción virtual de la realidad buscada".

En resumen los tres principios del pensamiento complejo (dialógico, recursivo y hologramático) son las características fundamentales del proceso autonómico. Hay que considerar además un elemento de incertidumbre o azar en la reorganización del sistema. Por ello, podríamos designar al segundo principio como recursividad-azar-organizativa.

CONCEPTOS DEL PENSAMIENTO COMPLEJO E INTELIGENCIA ARTIFICIAL EN EXPERIENCIAS DE MEDITACION

Aleatorio o Azar
Incertidumbre, imprevisibilidad o multiplicidad de soluciones o miradas frente a un problema o intencionalidad.

"El Centro no tiene organización ni dirigentes y, sin embargo, se organiza y dirige "libremente" al emerger las capacidades internas del individuo. El centro no fija objetivos específicos y, sin embargo, sigue un camino predeterminado por la propia conciencia".

"Con las primeras notas de la música comienzo a sumergirme en una especie de cuento, en el que camino pendiente arriba en un lugar de mucha vegetación. Me produce mucha serenidad estas imágenes, aún más cuando llego a la cima y veo mucha claridad. Más tarde sigo caminando hacia el lado izquierdo de donde me encontraba hasta llegar a un lugar conocido que supuestamente es la casa de mis padres donde me encuentro con mi perrita. Cambia la música y con ello cambia la imagen; ahora es en una playa donde camino por la orilla vestida con trajes blancos y de telas suaves y livianas. Al principio estoy con alguien, luego subo en brazos a una niñita y le doy una vuelta en el aire, más tarde la dejo y continúo sola, siento el aire en mi cara, el día es hermoso y me siento muy bien".

Atractor extraño
Generador del desequilibrio a los sistemas abiertos para mantener una estructura disipativa. Puede ser un estímulo externo que se mantiene durante el proceso.

"La música me fue produciendo un estado de agrado; una vez colocada la posición de relajamiento, sentí que iba perdiendo los sonidos exteriores que oía en ese momento; después, empecé a sentir como si flotara en plácidos movimientos, de gran suavidad, casi con movimientos muy lentos; fue una experiencia muy agradable".

Entropía y Segunda Ley de la Termodinámica
Principio que señala que en los sistemas aislados o cerrados los sistemas tienden al equilibrio o entropía máxima.

"Después me desconcentré y me preocupé de los ruidos externos y de cosas que me pasaron durante el día, por lo que perdí totalmente mi relajación".

Estructura disipativa
Estructura de los sistemas abiertos que permanecen en un estado lejano al equilibrio y pueden pasar desde un estado de desorden o caos a uno de orden superior.

"de pronto me fijé en la música, esta iba haciéndose cada vez más fuerte; eran como murmullos, que se acercaban, yo aún en la oscuridad empecé a distinguir como voces, estas se acercaban y ya eran coros de millones de voces y cuando mi corazón se llenaba de esos coros angelicales algo en el suelo estalló en miles de reflejos luminosos, se abrió el piso y emergió un espectáculo fabuloso, estaba presenciando la resurrección de Jesucristo de los muertos".

Estructura Neuroholográfica
Despliegue de una realidad virtual creada por interferencias de ondas neurológicas generadas por medio de una estructura disipativa y mantenida por la estimulación sensorial externa al sistema.

"Este proceso genera interferencias de impulsos nerviosos visuales y acústicos que en el proceso circular de la energía nerviosa, provocan una interferencia vibratoria de ondas produciendo con ello un holograma de interferencias, que al ser interpretados, se despliega en una imagen virtual con participación de todos los canales sensoriales (vista, oído, tacto, olfato y gusto). Si se mantiene la coherencia de los impulsos neurológicos a través de la estimulación acústica, cada imagen virtual que aparece, retroalimenta una nueva percepción de percepción de imágenes y una descripción de una descripción por el intérprete, transformándose así, en una historia virtual reconstruida".

Evolución y Negaentropía
Estado de construcción que se produce en los sistemas abiertos o estructuras disipativas que va en sentido contrario al segundo principio de la termodinámica.

"Estaba en la caverna con vestimenta de pieles y armas para cazar. Había mucha hambre en la tribu. Comenzamos en grupo a efectuar danzas rituales alrededor de una fogata en preparación de la caza para el día siguiente. Al amanecer salimos a cazar animales similares a venados".

Puntos de Bifurcación
Puntos de elección alejados del equilibrio de las estructuras disipativas que muestran muchas soluciones a elegir al azar.

"No pude lograr la sensación de calor. Primero me imaginé en la playa en un día caluroso, como no resultó me cambié a una fogata; después me tapaba con una frazada, pero tampoco pude calentarme. Sentía los pies y el cuerpo muy helados".

Realidad Virtual
Visión de una realidad generada por algún medio que hace sentirnos como observadores-participantes de la acción representada en nuestra mente.

"Sentí el ruido de un tren, sentí que viajaba en él, por paisajes del sur de Chile. Luego, realmente me vi en la jungla con la vegetación y animales, todo muy agradable, de variados colores, no había problemas de alimentación ya que había gran variedad de frutas; luego caminando encontré una tribu de indios amazónicos, muy amigables, que vivían sin problema; luego de estar un tiempo con ellos, trataba de buscar otras cosas como una salida; luego no sentí nada".

Realidad Transpersonal
Visión de una realidad que trasciende los límites del espacio-tiempo-identidad.

"Me sentí como un caballo que revolotea por colinas; luego el espacio se me hizo estrecho y me convertí en un ave con enormes alas abiertas, volando suavemente alrededor de un campo; iba y venía".

Realidad Cuántica
Observación de fenómenos en el nivel de los cuantos de la luz.

"El sonido me produjo una gran relajación, con un sueño profundo; sentía de repente como ganas de agarrarme de algo que yo no veía; gran peso en todo mi cuerpo; después con las campanitas, al escucharlas las sentía como unas pequeñas luces brillantes; una experiencia muy rica en sensación de sonidos con imágenes de mucha amplitud".

Realidad Perinatal
Experiencia de aspectos cercanos o en torno al nacimiento.

"Al comienzo veo una serie de luces que me llevan a la entrada de algo; es como un "nacer"; luego la sensación es como la de ir descubriendo cosas paso a paso".

Tiempo de Intencionalidad
Mantener un tiempo una intención al inicio de la experiencia.

"Comenzó la relajación-contracción y lo hice por siete u ocho veces; luego pensé dónde ir, y elegí la época de Jesucristo".

Tiempo de Reconocimiento
Mantener un tiempo un recuerdo o imagen de la intención.

"Ahora sentí que quería hacer la experiencia sin el cuerpo y pensé en ir a encontrarme con Jesús por lo que esperaba ver aparecer soldados romanos en sus carros, o algún pasaje conocido de sus milagros o el de niño, o mejor si solo estábamos en algún sitio de noche con la fogata prendida los apóstoles y teniendo esas enseñanzas en directo de su boca".

Tiempo de Sincronización
Mantener un tiempo la imagen de la intención sincronizada con la estimulación externa.

"Pero todo estaba oscuro y esperé, esperé y nada ocurrió; entonces pedí claridad pero nada pasó. De pronto, me fijé en la música, esta iba haciéndose cada vez más fuerte; eran como murmullos, que se acercaban, yo aún en la oscuridad empecé a distinguir como voces, estas se acercaban y ya eran coros de millones de voces y cuando mi corazón se llenaba de esos coros angelicales".

Tiempo de Recursividad Organizativa
Generación continua de una auto-organización de imágenes virtuales.

"Su figura iba a la cabeza pero no definida, sino incorporada a todos y era una masa metálica dorada, era oro sólido y líquido, todos iban allí, el reino animal, mineral, vegetal, toda la creación de color dorado, pero aunque fundidos a Él, cada uno tenía su independencia mental, aunque formando parte del todo. Lo que pasó fue que mientras fluíamos en ese torrente cristalino como de agua, aire, lo que sentí fue de que esto es el hombre verdadero, lo que yo sentía, lo sentían todos; no es fácil de explicar, lo he hecho lo mejor que he podido, pero aun así no está completo; y pensé que cuando quise ir al pasado no pude ver nada porque ya no existía, al ir el nuevo hombre hacia el cielo todo lo terrenal se quemó al llegar al cielo cambió de forma y se llenó con lo que había allí y resultó lo más grandioso que es la fusión de una creación única y eterna; lo perfecto; todas las sensaciones juntas.

AUTOPOIESIS EN LA MEDITACION DISIPATIVA

En mi libro, El Universo en un Instante de Conciencia, planteaba que el modelamiento de la Conciencia como estructura de un evento instantáneo, lejos del equilibrio, es un proceso que tiene todas las características de un modelo de producción de una estructura disipativa. Es así que señalaba, que "el modelo contempla las etapas del proceso de un instante de conciencia". Ahora, si consideramos que la organización de los sistemas vivos (autopoiesis) es un proceso que genera nuevas estructuras del sistema por interacción de elementos simples, entonces, podemos asimilar que la estructura del proceso de la meditación disipativa cumple las propiedades de formar un sistema autopoiésico. La interacción de impulsos neurológicos rítmicos, de imágenes y sonidos, produce cambios y transformaciones espontáneas de estructura del sistema nervioso que generan y regeneran un sistema autopoiésico en la circularidad del proceso recursivo de la historia personal reconstruida.

La autopoiesis, término acuñado por H. Maturana, define la organización autónoma de los organismos vivos. La ciencia y el mundo, le deben mucho a H. Maturana y F. Varela por la contribución a "el desarrollo futuro de este modelo, que tiene múltiples aplicaciones en todas las actividades humanas. Puede representarse como el descubrimiento del ADN de la información del siglo XXI. La descomposición del proceso de la comunicación en sus partes visibles y ocultas". Para profundizar y ampliar el conocimiento de este fascinante modelo, basta recurrir a la amplia bibliografía de estos autores. Es también reconocido el pensamiento de estos científicos, como "Escuela o Teoría de Santiago" (F. Capra). Este último autor, destaca el aporte de estos científicos chilenos para la formulación de una "ciencia de la conciencia". Capra sostiene que "La utilización de la teoría de la complejidad y el análisis sistemático de la experiencia consciente en primera persona serán cruciales en la formulación de una adecuada ciencia de la conciencia". Para abordar el enfoque en primera persona, entre otras formas o métodos, señala que la meditación es adecuada para profundizar las experiencias subjetivas de la mente.

Para hacerse la idea de lo que sucede durante la aplicación práctica del modelo del Proceso Autonómico en el que se despliega el funcionamiento de los conceptos del Pensamiento Complejo y Autopoiesis, veremos a continuación las descripciones de algunos estudiantes, en unos talleres de meditación desarrollado en 2003 y 2004. Las experiencias de este proceso tienen como su principal objetivo alcanzar un nivel más alto de conciencia, una experiencia espiritual, el samadhi o unión con lo Divino. Como veremos, una de las meditaciones es un emocionante recorrido por la conciencia de evolución, desde los orígenes del Cosmos hasta la aparición del hombre y su posterior desarrollo hacia el encuentro con lo divino. El proceso comienza con la conciencia de la creación de los planetas y estrellas del Universo. Le siguen la conciencia de formación de los minerales, vegetales y animales. Luego llegamos a la conciencia primitiva, de preservación de la vida del hombre de las cavernas. Continuamos con el espíritu de conservación de la especie, en la toma de conciencia ecológica. Desde aquí, entramos a la conciencia multiemocional de los mamíferos. Hasta este momento hemos avanzado por el mundo de las formas. Ahora, saltamos hacia el mundo de la conciencia del vacío de las formas, obteniendo en este punto la apertura de los centros energéticos para ser llenados por la conciencia divina. Al efectuar este recorrido evolutivo de la conciencia, permitimos desbloquear los siete centros espirituales (chakras). El proceso en esencia es curativo y puede que se manifiesten sensaciones de energía y emociones que pueden llegar al éxtasis.

Experiencia Espiritual

"Comenzó la relajación – contracción y lo hice por siete u ocho veces; luego pensé dónde ir, y elegí la época de Jesucristo, pero le pedí a mi cuerpo que no fuera conmigo, que quería ir libre (en la semana me había sacado una mala nota en los estudios que estoy haciendo; me dieron oportunidad de mejorarla y empeoró, así es que mi estado era de shock, bloqueada; yo esperaba que los ejercicios de meditación me aliviaran) pero me pasó que en todos los ejercicios no me pude soltar de mi cuerpo ni ir lejos. Cuando fuimos animales, aves o pez, fui una tortuga, que casi no se movió. Cuando fuimos cavernícolas, pasé sentada al lado del fuego, solo miraba, sin moverme. Cuando cayó el avión en la selva, el helicóptero me llevó a un lugar donde estuve al lado del agua, sin ver a nadie ni buscar nada. Ahora sentí que quería hacer la experiencia sin el cuerpo y pensé en ir a encontrarme con Jesús por lo que esperaba ver aparecer soldados romanos en sus carros, o algún pasaje conocido de sus milagros o el de niño, o mejor si solo estábamos en algún sitio de noche con la fogata prendida los apóstoles y teniendo esas enseñanzas en directo de su boca.

Pero todo estaba oscuro y esperé, esperé y nada ocurrió; entonces pedí claridad pero nada pasó. De pronto me fijé en la música, esta iba haciéndose cada vez más fuerte; eran como murmullos, que se acercaban, yo aún en la oscuridad empecé a distinguir como voces, estas se acercaban y ya eran coros de millones de voces y cuando mi corazón se llenaba de esos coros angelicales algo en el suelo estalló en miles de reflejos luminosos, se abrió el piso y emergió un espectáculo fabuloso, estaba presenciando la resurrección de Jesucristo de los muertos.

Su figura iba a la cabeza pero no definida, sino incorporada a todos y era una masa metálica dorada, era oro sólido y líquido, todos iban allí, el reino animal, mineral, vegetal, toda la creación de color dorado, pero aunque fundidos a Él, cada uno tenía su independencia mental, aunque formando parte del todo.

Me llené del brillo esplendoroso que despedía el ser mientras subía y subía y mientras seguían subiendo Jesucristo decía: "Padre lo he logrado, el mal ha sido derrotado, subo con ellos a ti, Por la eternidad", y la música marcaba cada una de sus frases y todos a una sentían tal gozo que el brillo dorado se hizo casi de fuego ardiente, no quemaba, solo aumentaban los sentimientos inefables.

Yo no podía decir nada, solo miraba y sentía algo tan grande que, como no tenía mi cuerpo, me empecé a elevar y a incorporar a todos, sentí una acogida como nunca la he sentido en esta tierra, sentí su gozo, el gozo colectivo de formar parte de una nueva creación y subimos, subimos. En eso, la relajación ha terminado; ahora empieza el ejercicio y la música cambia a otra totalmente etérea, como algodonosa, celeste, azul, blanco, verde rosa, una mezcla de todos esos colores suaves y todo cambió. Con Jesucristo a la cabeza entramos por una puerta hacia un lugar donde había campanitas y ellas se unieron a todos y aportaron la música de la naturaleza celestial y así por seis o siete puertas, todos entramos y nos llenábamos de lo que el cielo tenía para completarnos.

Lo que pasó fue que mientras fluíamos en ese torrente cristalino como de agua, aire, lo que sentí fue de que esto es el hombre verdadero, lo que yo sentía, lo sentían todos; no es fácil de explicar, lo he hecho lo mejor que he podido, pero aun así no está completo; y pensé que cuando quise ir al pasado no pude ver nada porque ya no existía, al ir el nuevo hombre hacia el cielo todo lo terrenal se quemó al llegar al cielo cambió de forma y se llenó con lo que había allí y resultó lo más grandioso que es la fusión de una creación única y eterna; lo perfecto!!todas las sensaciones juntas.

Aún ahora que lo estoy escribiendo, siento miles de sensaciones que no había imaginado sentir, saber que puedes querer hablar con alguien y está allí contigo que todo es lindo, no hay mal en nada ni en nadie, ¡no existe más!¡¡no hay penas!!

Pero también supe que esta experiencia terrenal hay que vivirla tal como se presenta, porque es un privilegio experimentar al hombre de pecado para experimentar en toda su dimensión al hombre verdadero, porque ¡¡¡ese es el eterno!!! ¡¡¡y real!!!"

Al término de la sesión, la persona que vivió esta experiencia estaba impresionada y no decía lo que le pasaba, hasta que un buen rato después dijo: "esta ha sido una de las más grandes experiencias de mi vida, no sé cómo explicarlo". Y luego describió la experiencia detallada más arriba. Esta vivencia tiene todas las características por su similitud a la experiencia descrita por S. Grof en una experiencia de muerte y renacimiento de la matriz perinatal básica IV. La persona en sus comienzos se encontraba "de muerte" por su situación particular de haberle ido mal en los estudios y al salir de la meditación "había renacido" con mucha paz.

Para finalizar este capítulo veremos las experiencias de dos personas que llegaron, una con esperanzas y la otra con mucha incredulidad en estos procesos de la mente. Veamos cómo nos describen sus relatos.

Encuentro con mi padre

Intentamos ver a mi padre, quien había fallecido el 1 de noviembre pasado producto de una caída en la tina fracturándose el cuello. A mi padre no lo vi por más de veinte años. No éramos precisamente cercanos. La última vez que lo vi estaba inconsciente, días antes que falleciera. Con posterioridad visité su casa, de la cual no conozco mucho detalle.

Iniciamos la experiencia del espejo, una experiencia que consistía en imaginarse el espejo en el cual debiera ver las imágenes. Me costó primero, imaginarme un espejo en forma oblicua. Y más aún ver imágenes en él…

De pronto me vi subiendo por una escala hacia un segundo piso de una casa, vi de pronto un espejo que estaba en una pared, de aquellos ovales o redondos con marco de metal negro, con una pequeña mesa también de fierro, con cubierta de mármol, pero no lograba ver nada de lo que buscaba. Empecé a llamar, no sé si en voz alta o sólo en mi mente, a mi papá, como si estuviera en algún lugar de esa casa, y miraba hacia los lados a medida que avanzaba por el pasillo, movimiento que si fue notorio para Omar.

Fue un momento largo, sin encontrarlo. Temía que se acabara la música y hasta ahí no más llegara.

De pronto estaba parado en el umbral de una habitación. No vi mucho en ella, solo que tres de sus lados estaban cubiertos de espejos, iluminada por dos luces empotradas en el techo cerca de los espejos, luces más bien tenues, el color que dominaba la habitación era verde musgo, oscuro, la textura era similar a la felpa.

Miré hacia el frente pero no recuerdo haber visto mi reflejo. Miré hacia mi derecha, y ahí estaba mi padre. No lo vi de cuerpo completo, sólo hasta la cintura, con el torso desnudo. Me miró como si estuviera sorprendido, desconcertado quizás. No sé si apareció desde una segunda puerta al lado mío o estaba al otro lado del espejo. No había sonidos.

Alguien le dijo, me imagino, "¿quién es?". Él dijo algo así como mira quien está aquí. Una mujer menuda se asomó, posiblemente su madre, mi abuela paterna, también luminosa. Me miró y se retiró lentamente desapareciendo de mi vista. Quedamos solos mi padre y yo. Era un instante extraño, una situación como la que se produce cuando hemos ido a despedir a alguien al bus o al tren: uno dentro y el otro fuera separado por una corta distancia y un vidrio que impide escuchar lo que el otro dice, llenando ese momento con una comunicación hecha de gesticulaciones, sonrisas y miradas.

Yo sólo miraba. Mi padre lucía joven con su poco cabello negro (fue calvo desde joven) se veía luminoso, más luminoso de lo que era posible con la luz de la habitación. No sé si había más luz para él o si de él emanaba luz, pero no era enceguecedora.

Luego de un rato, lo veía sonreír, una sonrisa leve, como la que tenemos cuando sabemos que nos da gusto ver a alguien, pero no lo admitimos abiertamente. Hacía, no sé cómo describirlo, las poses que habitualmente hacen los físico-culturistas para mostrar su musculatura, su buen estado físico, como diciendo, mira que bien estoy, estoy con un cuerpo envidiable, joven, haciendo ostentación de él, pero no una ostentación fuerte, sino la que haríamos a un niño para divertirlo, como si su propósito fuera entretener a un niño, algo carente de agresividad, de malicia. Solo un juego para entretener.

Sentí el momento de volver, de dejarlo. Dejé de mirar a mi derecha, donde había aparecido. Ahora miraba al frente, pero no veía mi reflejo ni a mi padre. Sentía que estaba a mi lado, mirando al mismo lugar que yo.

Una sensación me acompañó cuando la experiencia estaba terminando y que siguió por un largo rato más. Imagine a alguien parado junto a usted, digamos a su derecha. La persona pone su mano derecha en su brazo, entre el hombro y el codo y lo aprieta suavemente, como cuando alguien que lo estima lo acompaña a la puerta de su casa.

Mi padre falleció de 73 años. La casa de mi padre tiene un pasillo similar al de mi experiencia, pero sin espejos, solo unos marcos con fotos.

Testimonio de Incredulidad

Debo ser muy sincero con mi persona. Es cierto, antes de este taller no creía en absoluto de los resultados que se llegan a percibir con las ciencias no exactas. Pero estaba equivocado. Aunque fue un primer y diminuto encuentro con las técnicas de meditación, fue un gusto conocerlas.

Lo primero que puedo mencionar, es lo esencial del entregarse y no dudar de lo que se intenta enseñar. Pienso que al aplicar lo anterior, podrán darse cuenta de lo bonito es todo lo que envuelve a la meditación.

En lo personal, tuve distintos grados de gozo con cada una de las técnicas experimentadas, basadas en distintos sentidos que desarrolla el ser humano. El tacto, enfocado en sentir un objeto elegido al azar me permitió imaginar los rasgos y características de un niño, cuando lo que en realidad estaba palpando era una piedra.

El sonido, fue la experiencia más fuerte para mí. Creo que el ser músico tiene mucho que ver con aquello. Cada canción escuchada, me transportó a distintas épocas y situaciones. Recuerdo haber visto el anillo de Saturno muy cerca de mí, cuando viajaba sobre un planeta. Recuerdo además, el viaje en un barco de guerra, el cual tenía como energía las fuerzas desplegadas por cada uno de los remeros azotados y maltratados por otros hombres; yo era uno de los remeros. Y cómo olvidar cuando me transformé de alguna forma en un elefante, el cual divisaba la naturaleza y animales que se situaban a su alrededor.

Bueno, espero que de una u otra forma este testimonio sirva para conocer un poco más, temas que son distantes a la mayor parte de las personas, que como yo vive en mundos alejados a estos.

Santiago, 23 de Septiembre 2004

EPILOGO: LAS TECNICAS ARCAICAS DEL EXTASIS

Llegado al final de este libro, queda la sensación de volver a vivir lo que ya vivimos, como un "deja vu", y que lo que sucedió en la mente de nuestro ancestro hace 30.000 años, está sucediendo o recordándose ahora; que el llamado "primitivo" evolucionó y contribuyó productivamente a nuestra evolución con una herramienta, que recién estamos redescubriendo "las técnicas arcaicas del éxtasis", como las llama Mircea Eliade. Ahora, ¿qué podemos llegar a concluir en este recorrido histórico imaginario? Varias serían las hipótesis que podemos desplegar. Primero, la capacidad de combinar la visualización con el sonido hizo posible la evolución simultánea y súbita del lenguaje, comprensión y creatividad, por el acceso a cambios en la percepción de imágenes virtuales. La representación de imágenes o fragmentos de ellas, en lugares de mayor resonancia en las cavernas, tenía el propósito de ser "herramientas para la comunicación espiritual". La aparente simplicidad de las imágenes dibujadas en las cavernas, individuales o en grupos, con ausencia de paisajes, no era porque la mente primitiva fuera simplista, sino más bien, que tenían la intencionalidad de abrir la mente holística del hemisferio derecho del cerebro, durante el ritual para completar el contexto (gestalt). Todo esto, que capacita a la mente humana moderna a un funcionamiento de una forma de percepción virtual, sería por último, "el proceso mediante el cual nuestros parientes humanos ancestrales contribuyeron a acelerar el proceso de nuestra evolución".

REFERENCIAS PRINCIPALES

Capra, F. (2003). Las Conexiones Ocultas. Barcelona: Editorial Anagrama.

Ferguson, M. (1980). La conspiración de Acuario. Barcelona: Kairós.

Freedman, D (1996). Los Hacedores de Cerebros. Santiago de Chile: Editorial Andrés Bello.

Gazzaniga, M. (1998). El Pasado de la Mente. Santiago de Chile: Editorial Andrés Bello.

Grinberg, M. (2003). Edgard Morín y el Pensamiento Complejo: Madrid: Campo de Ideas.

Grof, S. (1985). Psicología transpersonal. Barcelona: Kairós.

- (1994). La mente holotrópica. Buenos Aires: Planeta.

Kharitidi, Olga. (1999). El círculo de los chamanes. Barcelona: Urano

Leakey, R. (2000). El Origen de la Humanidad. Madrid: Editorial Debate S.A.

Leonard G. (1979). El Pulso Silencioso. Madrid: EDAD, Ediciones-Distribuciones S.A.

Maturana, H. y Varela, F. (2004). De Máquinas y Seres Vivos. Argentina: Editoriales Universitaria/Lumen

Moody, R., Jr. (1984). Vida después de la vida. Madrid: Edaf.

- (1997). Más sobre vida después de la vida. Madrid: Edaf.

Peña, O. (2004). El Universo en un Instante de Conciencia. Santiago de Chile: Lom Ediciones Ltda.

Scott Peck, M. (1991). La nueva comunidad humana. Argentina: Emecé.

Spire, A. (2000). El Pensamiento de Prigogine. Santiago de Chile: Editorial Andrés Bello.

Wesselman, H. (1999). El mensaje del chamán. Barcelona: Plaza & Janés.

- (1998). Encuentros con el espíritu. Barcelona: Plaza & Janés.